珍藏版

二十四史

精编

赵文博 主编

捌

辽海出版社

目　　录

明　　史

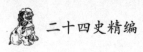

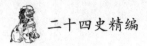

附录：清史稿

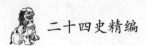

人物春秋

一代天骄东征西讨　旷世英才南征北战
——铁木真

　　元太祖铁木真，姓奇渥温氏，蒙古部人。太祖的十世祖名叫孛端叉儿。孛端叉儿的相貌很奇怪，沉默寡言，家中人都说他笨。母亲阿兰去世，兄长们把财产分了，没有分给孛端叉儿。孛端叉儿说："人的贫贱富贵，都是命里注定的，财产算什么。"独自骑着一匹青白马，到名叫八里屯阿懒的地方住了下来。得不到饮食，正好有鹰抓取野兽在吃，孛端叉儿便用绳子做成机关擒住了它，这头鹰很快便驯服了。于是便臂上架鹰猎取兔子和鸟类作为食物，有时食物缺少但立即又有所获，似乎天在保佑他。这样过了几个月，有数十家百姓从统急里忽鲁的旷野追随水草迁到当地，孛端叉儿盖造简陋的茅屋给他们住，进出互相帮助，因此生活还算过得去。有一天，二哥忽然想起他，说："孛端叉儿独自出去没有带什么东西，近来会不会挨冻受饥呢？"立即前来访问，要他一起回去。半路上孛端叉儿对他的哥哥说："统急里忽鲁的百姓没有隶属于他人，如果用武力加以威胁，是会屈服的。"哥哥认为有道理。回家后，立即选派强壮的战士，命令孛端叉儿带领前去，果真把他们都降服了。

孛端叉儿死，其子八林昔黑剌秃合必畜继承家世，生下儿子名叫咩捻笃敦。咩捻笃敦的妻子叫做莫迦伦，生下七个儿子后成为寡妇。莫迦伦的脾气刚强而急躁，当时押剌伊而部有一群孩子挖掘田间的草根作为食物，莫迦伦乘车出门，正好看见，发怒说："这块土地是我儿子跑马的地方，这群孩子胆敢破坏吗！"赶车前去，将这群孩子辗伤，有的因此而死。押剌伊而人忿怒怨恨，将莫迦伦的马群全都赶走。莫迦伦的儿子们听到这一消息，来不及穿上铠甲，便追上去。莫迦伦内心深感到忧虑地说："我的儿子不穿铠甲前去，恐怕不能战胜敌人。"便叫儿媳妇载着铠甲前去，已经来不及了。果然吃了败仗，六个儿子全都战死。押剌伊而人乘胜杀死莫迦伦，把全家都杀光。只有长孙海都年纪还小，奶妈将他藏在一堆木头中，才得免于难。在此以前莫迦伦第七个儿子纳真在八剌忽的百姓家中当上门女婿，因此灾难发生时与他无关。他听说家中遭遇大祸，前来察看，只见十几位有病的老年妇女与海都还在，他不知怎么办才好。幸亏押剌伊而人驱赶马群时，纳真哥哥的黄马三次摆脱套竿逃了回来，纳真才得到马骑。于是便伪装成牧马人，前往押剌伊而人住处。路上碰到父子二人先后骑马行驰，臂上架着鹰打猎。纳真看见鹰，心中说："这正是我哥哥常常托着的鹰。"赶上前去哄骗年少的儿子说："有一匹红马带领一群马往东去了，你看见了吗？"少年回答说："没有。"接着少年问："你经过的地方有水鸟吗？"纳真说："有。"少年说："你能当向导吗？"纳真说："可以。"于是便同行。转过一处河湾，纳真估计后面骑马人距离稍远，便将少年刺死。他将马匹与鹰用绳捆住，然后前去迎接后面的骑手，同样加以哄骗。后面的骑手问道："前面射水鸟的是我的儿子，为什么老躺着不起来呢？"纳真回答说因为鼻子出血。骑手正发怒，纳真利用这一空子将他刺死。又向前去到一座山下，有几百匹马，放牧的只有几个孩子，正在拿动物的骨关节做游戏。纳真仔细看，也是哥哥家中的东西。用话向孩子们套问，也像先前一样。于是爬上山顶四面张望，到处静悄悄没有人影，他便将孩子们全都杀死，驱赶马群架着鹰回来，带上海都和有病的老年妇女，一起回到八剌忽地方住下。海都长大了，纳真率领八剌忽怯谷的百姓们拥立他为首领。海都当上首领后，攻打押剌伊而，使之成为自己的属民，势力逐渐壮大。他的营帐排列在八剌合黑河边，在河上造起了桥梁，便于往来。由此周围的部族前来归附的日益增多。

　　海都死，儿子拜姓忽儿继位。拜姓忽儿死，儿子敦必乃继位。敦必乃死，儿子葛不律寒继位。葛不律寒死，儿子八哩丹

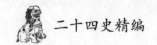

继位。八哩丹死，儿子也速该继位，并吞各部落，势力愈来愈大。也速该死。至元三年十月，追谥烈祖神元皇帝。

当初，也速该出征塔塔儿部，捉住了塔塔儿部的首领铁木真。这时正好宣懿太后月伦生下太祖，手中握着凝固的血块如同红色石头一般。也速该很奇怪，便以抓住的俘虏铁木真为之命名，用来纪念自己的军事胜利。

同族的泰赤乌部原来和也速该关系很好，后来因为塔儿不台管事，便产生了隔阂，互不往来。也速该死时，太祖年纪还小，部众大多归附泰赤乌部。侍从脱端火儿真也要叛变，太祖哭着挽留他。脱端说："深深的池水已经干涸了，坚硬的石头已经碎裂了，留下干什么！"竟然带着众人骑马离去。太后月伦对于他看不起自己感到愤怒，亲自打着旗带着兵追上前去，将大部分企图叛变的部众追了回来。

当时太祖部下的搠只另外居住在萨里河。札木合部的秃台察儿居住在玉律哥泉，时常想要加以欺侮，终于将萨里河放牧的马群抢走。搠只指挥身边的人藏在马群中，将秃台察儿射死。札木合因此怨恨，便和泰赤乌各部共同商议，发动三万人前来打仗。太祖这时屯驻在答阑版朱思草原上，听到消息，大规模征集各部的军队，分成十三翼等待对方的到来。后来札木合的军队果然前来，太祖和他们激烈交锋，终于将对方打败。

那时，各部之中只有泰赤乌土地广大，人口众多，号称最强大。泰赤乌部中的照列部，住处与太祖相接近。太祖有一次出去打猎，偶然和照烈部的打猎队伍相遇。太祖对照烈部人说："晚上可以一起宿营吗？"照烈部人说："一起宿营当然是我的愿望，但是跟从出来打猎的有四百人，因为带的食物不够，已经让一半回去了，现在如何是好？"太祖坚持邀请他们一同宿营，一概供应饮食。次日一起打猎，太祖让身边的人将野兽都赶到照列部人一方，照列部人得到许多猎物回去。照列部众都感激太祖，悄悄相互说："泰赤乌和我们虽是兄弟，却常常抢我们的车马，夺我们的饮食，没有君主度量。有君主度量的，看来只有铁木真了。"照列部的首领玉律这时正遭到泰赤乌部的虐待，难以忍受，便和塔海答鲁带领部众来归，愿意以杀泰赤乌人来表示自己的诚心。太祖说："我正在熟睡，幸亏你们使我醒过来。自今以后凡是有车辙和人行痕迹的道路，我将全部夺过来给你们。"没有多久二人不能实践诺言，叛变离去。塔海答鲁行至中途被泰赤乌部众所杀，照列部就此灭亡。

此时太祖的功业与德行愈来愈盛，而泰赤乌各部对于他们首领的暴虐行为深感痛苦，看到太祖待人宽厚仁爱，经常拿皮衣和马匹赏赐给别人，心中都很向往。像赤老温、哲别、失力哥也不干等人，以及朵郎吉、札剌儿、忙兀诸部，都仰慕太祖的恩义，前来归附。

太祖约会同族首领薛彻别吉、大丑等，各自用牛车载着马

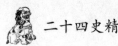

奶和奶酪，在斡难河边举行宴会。在太祖和同族首领以及薛彻别吉的母亲忽儿真面前，共同放着一皮囊马奶，而在薛彻别吉的次母野别该面前，却单独放着一个皮囊。忽儿真怒道："现在不尊敬我，却要抬高野别该吗？"怀疑是太祖手下管理饮食的失丘儿干的事，就揍他，如此便产生了隔阂。这时太祖兄弟别里古台负责管理太祖的乞列思，播里管理薛彻别吉的乞列思。播里手下人偷盗马车用的革带，被别里古台抓住。播里发怒，用刀砍伤别里古台的背。手下人要打架，别里古台制止他们说："你们要报仇吗？我伤得不重，姑且等下再说。"手下人不听，各自拿着撞马奶的木棒大打出手，将忽儿真、火里真两位夫人抢了回来。薛彻别吉派遣使者请求和好，太祖便让两位夫人回去。适逢塔塔儿部首领蔑兀真笑里徒违背与金朝之间的盟约，金朝皇帝派丞相完颜襄带领军队将他们驱赶到北方。太祖听说此事，便派遣近处的军队从斡难河迎头痛击塔塔儿部，又通知薛彻别吉带部众前来相助。等了六天不来，太祖独自与塔塔儿部作战，杀死蔑兀真笑里徒，将他们的全部辎重都缴获了。

太祖部下有人遭到乃蛮部人抢劫，太祖准备讨伐，又派六十人到薛彻别吉处去征兵。薛彻别吉因为过去的怨仇，将其中十人杀死，剥去其余五十人的衣服让他们回来。太祖发怒说："薛彻别吉过去揍我的失丘儿，砍伤我的别里古台，现在又敢利用敌人的势力来欺侮我。"于是便统率军队越过沙漠发起进攻，杀死和俘虏了他的部众，只有薛彻别吉和大丑带着妻儿得免此难。过了几个月，太祖又发兵讨伐薛彻别吉和大丑，追到帖烈徒隘口，将他们歼灭。

克烈部的札阿绀孛前来归附。札阿绀孛是克烈部首领汪罕的弟弟。汪罕原名脱里，金朝封他为王，北方民族语音重，所以称王为汪罕。

起初，汪罕的父亲忽儿札胡思杯禄去世，汪罕嗣位，杀死不少自己的兄弟。他的叔父菊儿罕带着军队与他作战，追逼到哈剌温隘口将他打败，汪罕只剩下一百多名骑兵逃脱，投奔于烈祖也速该。也速该亲自带兵将菊儿罕赶走，菊儿罕逃往西夏，也速该夺回部众还给汪罕。汪罕感恩戴德，就与也速该结盟，称为按答（按答，汉语是交换物品的朋友）。也速该死，汪罕的弟弟也力可哈剌怨恨汪罕杀人太多，又叛离了他，投向乃蛮部。乃蛮部首领亦难赤为之发兵讨伐汪罕，将他的部众都夺过来给了也力可哈剌。汪罕经过河西、回鹘、回回三国，投奔契丹。接着又叛变逃回，途中粮食没有了，挤羊奶为饮料，刺出骆驼血来吃，困乏到了极点。太祖因为汪罕与烈祖也速该之间交情很好，派遣侍从去招他。太祖亲自迎接慰劳，安置于军中，给他资助。于是在土兀剌河边聚会，太祖尊汪罕为父。

不久，太祖讨伐蔑里乞部，与蔑里乞部的首领脱脱在莫那察山交战，夺得他们的资财、粮食，送给汪罕。汪罕因此逐步

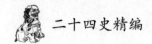

将部众收集了起来。

又过一些时日，汪罕以为自己势力壮大，足以有所作为，没有告诉太祖，独自领兵又去攻打蔑里乞部，对方败走，脱脱逃往八儿忽真的险要之地。汪罕大肆抢掠然后回来，没有给太祖一点东西，太祖不在意。

这时乃蛮部首领不欲鲁罕不服，太祖与汪罕又发兵讨伐。到黑辛八石的旷野，遇到乃蛮部的前锋也的脱孛鲁带领一百骑兵前来作战。看到太祖的军队逐渐逼近，也的脱孛鲁退到高山上据守，途中马鞍脱落掉了下来，太祖抓住了他。没有多久，太祖又与乃蛮部的猛将曲薛吾撒八剌相遇，正好天时已完，于是约定明日交战，各回自己的营垒。当天晚上，汪罕在营垒中到处点火，使人不怀疑他有什么动作，实际上偷偷将部众转移到其他地方。等到天亮，太祖才发现，因而怀疑他打有别的主意，也带着军队退到萨里河。接着汪罕也回到土兀剌河，汪罕的儿子亦剌合和札阿绀孛都来会合。曲薛吾等侦察到这种情况，乘其不备，在半路上加以袭击，俘虏了不少人。亦剌合逃走告诉汪罕，汪罕命令亦剌合和卜鲁忽遝一起追上前去，一面派人来说："乃蛮部不讲信义，抢掠我的的百姓，太子您有四名优秀将领，能借给我洗雪这番耻辱吗？"太祖立即消除了以前的不满，派遣博尔术、木华黎、博罗浑、赤老温四人带军队前去。军队还没有到，亦剌合已经追上曲薛吾，与他交锋，结果大败，

8

卜鲁忽遝也被俘。飞箭射中了亦剌合的马股，差一点也成了俘虏。一会儿四将来到，打败乃蛮部，将他们抢掠的百姓全部夺回还给汪罕。接着太祖与兄弟哈撒儿再次讨伐乃蛮部，在忽阑盏侧山交战，大败对方，将对方的将领和部众全都杀光，将尸首堆积起来封土成为冢丘。乃蛮部的势力因此削弱了。

这时泰赤乌还相当强大，太祖和汪罕在萨里河会合，一起与泰赤乌首领沆忽等在斡难河边大战，将对方击败，杀死的和俘获的不可胜数。

哈答斤部、散只兀部、朵鲁班部、塔塔儿部、弘吉剌部听说乃蛮部、泰赤乌部已战败，都感到不安，在阿雷泉相会，立下誓言，要对太祖和汪罕发动突然袭击。弘吉剌部首领迭夷害怕此事难以成功，偷偷派人前来告密，太祖和汪罕从虎图泽出发，迎战于杯亦烈川，又大败对方。

汪罕乃分兵，自己沿怯绿连河行动。札阿绀孛和按敦阿述、燕火脱儿等商议说："我的哥哥性格做事都很古怪，他既能将我的兄弟都杀光，我们又怎么能单单活命呢？"按敦阿述将这些话泄漏了，汪罕下令将燕火脱儿等抓到自己的营帐前，将燕火脱儿解绑，对他说："我们从西夏回来，在道路上饥饿困乏，一起立有誓言，你难道忘记了吗？"便向他脸上吐唾沫。边上坐着的人也都起来向他吐唾沫。汪罕又多次责备札阿绀孛，使他深感无地自容。札阿绀孛与燕火脱儿等一起逃往乃蛮部。

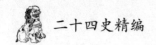

太祖在彻彻儿山驻军，发兵讨伐塔塔儿部。塔塔儿部首领阿剌兀都儿等前来迎战，将其击败。

这时弘吉剌部想要前来归附，哈撒儿不知道他们的意图，前去抢劫了他们的东西。于是弘吉剌部归附了札木合，和朵鲁班、亦乞剌思、哈答斤、火鲁剌思、塔塔儿、散只兀诸部在犍河会合，共同推举札木合为局儿罕。众人在秃律别儿河岸明誓，誓言是："凡是我们同盟中人，如有泄露商议内容的，其下场如同河岸被催毁，森林被砍伐。"说完誓言以后，大家一起举足蹬塌河岸，挥刀砍伐森林，随后驱赶士兵前来进攻。塔海哈当时在众人中间，他与太祖部下抄吾儿是亲家。抄吾儿偶然前去看他，了解到他们的密谋，赶紧回到太祖居住的地方，将这些情况报告了。太祖立即起兵，迎战于海剌儿、帖尼火鲁罕之地，打败了他们。札木合逃走，弘吉剌部前来投降。

壬戌年，太祖在兀鲁回失连真河发兵，讨伐按赤塔塔儿、察罕塔塔儿两部。出发以前誓师说："如果打败敌人，追赶他们时，见到他们丢下的东西，注意不要拾取，等战争结束后再分配。"后来果然取得胜利，太祖同族按弹、火察儿、答力台三人违背了誓师时的言语，太祖发怒，将他们俘获的东西都加以没收，在军中分配。

原来，脱脱逃往八儿忽真隘口之后，又出来骚扰，太祖带领军队将他赶走。到此时，他又与乃蛮部的不欲鲁罕会合，联合朵鲁班、塔塔儿、哈答斤、散只兀诸部一起来进攻。太祖派骑兵登高四望，知道乃蛮部军队快要到了，便与汪罕一起将军队移入险要之处。汪罕的儿子亦剌合从北边过来占领高山立下阵势，乃蛮部军前来冲击，阵势不动，退了回去。亦剌合接着也进入险要之处。将要交战以前，太祖将辎重转移到其他地方，和汪罕一起，背靠阿兰塞，与乃蛮部军队在名叫阙奕坛的旷野上大战。乃蛮人让神巫祈祷风雪，想要利用风雪之势进攻，后来风向逆转，反过来刮向乃蛮人的兵阵。乃蛮人不能作战，想退兵。这时大雪塞满了沟涧，太祖指挥军队利用有利形势进攻，乃蛮部大败。此时札木合起兵支援乃蛮部，看见乃蛮部已经失败，立即退还。路上遇见拥立自己的各部，大肆抢劫而是归。

太祖求婚于汪罕，希望自己的长子术赤娶汪罕女儿抄儿伯姬，汪罕的孙子秃撒合想娶太祖女儿火阿真伯姬，都没有成功，此后隔阂渐深。起初，太祖与汪罕合兵攻乃蛮部，约定明日作战。札木合对汪罕说："我对你就像白翎雀一样，别人则像鸿雁。白翎雀无论冷热都在北方，鸿雁每逢天气寒冷就飞到南方暖和地方去了。"汪罕听了生疑，就将部众迁移到其他地方。等到议婚不成，札木合又利用这一机会对亦剌合说："铁木真太子虽然自己说是汪罕的儿子，实际上曾和乃蛮部有来往，这对您父子是不利的。您如果对铁木真采取军事行动的话，我一定在旁边帮助您。"亦剌合相信他的话。正好答力台、火察儿、按弹等都背叛了太祖前来归附，他又对亦剌合说："我们愿意帮助您去攻打月伦的儿子们。"亦剌合非常高兴，派遣使者去告诉汪罕。汪罕说："札木合是一个嘴上说得好听但没有信用的人，他的话不能听。"亦剌合坚持自己的意见，使者来回了好几次。汪罕说："我之所以能生存下来，靠的是铁木真太子。我现在胡子已经白了，死后希望有一个安葬的地方，你怎么说个没有完呢？你好自为之，不要给我添麻烦就行了。"札木合于是焚烧了太祖的牧地扬长而去。

癸亥年，汪罕父子策划谋害太祖，派遣使者来说："以前商量的婚事，现在愿意听从您的意见，请您前来喝订婚酒。"太祖信以为真，带着十名骑兵前去。在途中产生了疑心，派一名骑兵前去表示谢意，自己回来。汪罕的阴谋不曾得逞，便商量发兵来攻。养马人乞失力听说这件事，偷偷和他的弟弟把带前来告诉太祖。太祖立即带着军队驰奔阿兰塞，将辎重全部转移到其他地方，派折里麦为前锋，等汪罕一到立即整好队伍出战。先遇到的是朱力斤部，接着是董哀部，后面是火力失烈门部，都击败了他们，最后与汪罕贴身亲兵交锋，也打败了他们。亦剌合看见形势危急，亲自前来冲阵，被箭射中脸颊，立即收兵退走。怯里亦部人离开汪罕前来投降。

汪罕战败而归，太祖也带着军队回到董哥泽屯驻。派遣阿里海前去责备汪罕说："您过去遭到您的叔父菊儿罕驱逐，困难交加前来投奔，我父亲立即发兵攻打菊儿罕，在河西将他打败，他的土地、百姓都拿了过来给您。这是有大功于您的第一件事。您遭到乃蛮人的攻击，逃往西边太阳降落的地方。您的兄弟札阿绀孛在金朝国境，我立即派人召他回来。等他回来时，又遭到蔑里乞部的威胁，我请我的同族哥哥薛彻别吉和兄弟大丑去杀掉他们。这是有大功于您的第二件事。您为困难所迫前来投奔时，我经过哈丁里，将各部的羊、马和财产都夺了给您，不到半月的时间，使您饥饿的部众吃得饱饱的，瘦子都长胖了。这是有大功于您的第三件事。您不告诉我就去抢劫蔑里乞部，收获很大，回来以后，没有分给我一点点，我不计较。等到您被乃蛮人颠覆，我派四将夺回你的百姓，重立你的国家。这是有大功于您的第四件事。我征伐朵鲁班、塔塔儿、哈答斤、散只兀、弘吉剌五部，如同凶猛的海东青对付鹅雁一样，看见必有收获，有收获必定送给您。这是有大功于您的第五件事。这五件事都是有明白证据的，您对我不报恩也就罢了，现在怎么能变恩为仇，突然对我发动战争呢!"汪罕听到这些话，对亦剌合说:"我以前说的话怎么样?我的儿子你应知道。"亦剌合说:"事情已发展到今天这样，没有法子了结，只有尽力去战斗。我们打赢了就将他们合并过来。他们赢了就吞并我们，多说干什么。"

当时和太祖同族的按弹、火察儿都在汪罕身边。太祖派遣阿里海去挖苦责备汪罕时，命令阿里海告诉他们说："过去我国没有君主，以为薛彻别吉、太丑二人是我伯祖八剌哈的后代，准备立他们为主。因为二人坚决推辞，又以你火察儿是伯父聂坤之子，准备立为主，你又坚决推辞。但是此事不能这样中途而废，又以你按弹是我祖父忽都剌的儿子，想立为主，你又坚决推辞。于是你们推戴我为君主，这并非我的本来想法，是形势所逼造成的。三河是我们祖先创业的地方，不要被他人所据有。你们要好好为汪罕服务，汪罕的本性反复无常，待我尚且这样，何况是你们呢？我现在走了，我现在走了。"按弹等人没说一句话。

太祖既已派遣使者去汪罕那里，便进兵俘虏弘吉剌的别部溺儿斤，队伍行进到班朱尼河，河水正浑，太祖带着部众共饮河水立下誓言。亦乞烈部的孛徒被火鲁剌部打败，遇到太祖，双方建立同盟。太祖的兄弟哈撒儿另外居住在哈剌浑山，妻子被汪罕俘虏，自己带着小儿子脱虎逃走，粮食断绝，找寻鸟蛋充饥，前来河边相会。这时汪罕的势力强大，太祖的势力微弱，胜败还不可知，部众颇为担心害怕。凡是一起饮过河水的，称为"饮浑水"，意思是曾经同患难。汪罕的军队前来，太祖在哈阑真沙陀与他们交战，汪罕大败。属臣按弹、火察儿、札木合等密谋杀害汪罕，没有成功，便逃往乃蛮部。答力台、把怜等部也前来叩头投降。

太祖将军队移到斡难河的源头，策划攻打汪罕，又派二名使者前往汪罕那里，假装传达哈撒儿的话，说："我的哥哥铁木真太子现在不知下落，我的妻子老小又在大王您那里，即使我想走，能走到那里去呢！大王如果能够宽恕我以前的错误，想念我过去的好处，我立即就来投奔您。"汪罕相信这番话，就派人跟着二名使者前来，用皮囊盛血准备与哈撒儿订立盟约。到了以后，太祖立即以二名使者为向导，下令兵士衔枚禁止说话，连夜赶往折折运都山，出其不意，袭击汪罕，将他打得大败。克烈部百姓都投降了。汪罕和亦剌合脱身逃走。汪罕叹气说："我被儿子害了，今天的祸事后悔也来不及了。"汪罕在逃走的路上，遇到乃蛮部的将领，被杀。亦剌合逃到西夏，靠抢劫维持生活，很快便为西夏打败，逃到龟兹国。龟兹国君主发兵讨伐，将他杀死。

太祖灭汪罕以后，在帖麦该川举行盛大的狩猎活动，发布各种命令，凯旋而归。这时乃蛮部君主太阳罕心里妒忌太祖的才能，派人去和白达达部首领阿剌忽思商量说："我听说东方有称帝的人。天上没有二个太阳，百姓难道能有二个君主吗？您能增加我右翼的力量，我将夺过敢于称帝者的弓箭。"阿剌忽思立即将这个情况报告太祖，没有多久，他带着全部百姓前来归附。

甲子年，太祖在帖麦该川举行大聚会，商议讨伐乃蛮部。

许多人都认为现在是春天马正瘦，应该等待秋高气爽马长膘再出兵。皇弟斡赤斤说："应该做的事，要早下决心，怎么能用马瘦作理由呢！"别里古台也说："乃蛮部要夺我们的弓箭，是看不起我们，我等理当共生死。他倚仗国大而吹牛，如果乘其不奋发起攻势，可以成功。"太祖很高兴，说："以这样的人去作战，还愁打不赢吗！"便出动军队讨伐乃蛮部，驻军丁建忒该山，先派虎必来、哲别二人为前锋。太阳罕从按台来，驻军于沆海山，和蔑里乞部首领脱脱、克烈部首领阿怜太石、猥剌部首领忽都花别吉，以及秃鲁班、塔塔儿、哈答斤、散兄兀等部会合，兵势相当盛大。这时我方队伍中的瘦马因受惊跑到乃蛮部营中，太阳罕看见，与大家商议说："蒙古的马如此瘦弱，现在应该引诱他们深入，然后和他们交战将他们俘虏。"将领火力速八赤对他说："先前的国王作战，一往直前，不让敌人看见自己的背和马的尾巴。现在您提出这样拖延的方针，是不是心中害怕呢？如果害怕，为什么不让后妃来统领军队！"太阳罕很生气，立即拍马往前要与太祖交战。太祖让哈撒儿负责中军。这时札木合跟随太阳罕前来，看见太祖的军队整齐肃静，对身边的人说："乃蛮部刚出兵时，看待蒙古军如同羊羔，意思是说连蹄皮也留不下。现在我观察他们的气势，恐怕已不同于过去了。"就带自己部下军队逃走了。这一天，太祖与乃蛮部大战直到日落，擒杀太阳罕。各部军一时都溃散，夜间在非常危险的地方奔走，从山崖掉下去死掉的不可计数。第二天，剩余下来的都投降了。于是朵鲁班、塔塔儿、哈答斤、散只兀四部也都前来投降。

接着又出征篾里乞部，该部首领脱脱逃往太阳罕的哥哥卜欲鲁罕那里，他的部下带儿兀孙献上自己的女儿求降，很快又叛变了。太祖到泰寒寨，派宇罗欢、沈白二人带着右军前去将带儿兀孙平定了。

乙丑年，太祖出征西夏，攻克力吉里寨，经过落思城，掠取了大量百姓和骆驼回来。元年丙寅，太祖大会诸王和群臣，树起九游的白旗，在斡难河头登上了皇帝的位置。诸王、群臣一起尊称之为成吉思皇帝。太祖即帝位后，发兵再去打乃蛮部。这时卜欲鲁罕正在兀鲁塔山打猎，将他捉住带了回来。太阳罕的儿子屈出律和脱脱一起逃到也儿的石河边。

太祖开始谈论讨伐金朝之事。以前金朝杀害太祖同族咸补海罕，太祖想报仇。恰巧金朝投降的俘虏陈述金朝皇帝完颜羡任意施行暴虐的统治，太祖于是决定加以讨伐，但是没有敢轻举妄动。二年丁卯的秋天，太祖再征西夏，攻克斡罗孩城。这一年，派遣按弹、不兀剌二人出使乞力吉思。不久野牒亦纳里部、阿里替也儿部都派使者来贡献名贵的鹰。三年戊辰的春天，太祖从西夏回来。冬天，再次讨伐脱脱和屈出律罕。斡亦剌部等和我军前锋遭遇，没有交战就投降了，便以他们作向导。到也儿的石河，讨伐蔑里乞部，将它消灭了。脱脱中箭身亡。屈出律罕逃往契丹。

四年己巳的春天，畏吾儿国前来归附。太祖进军河西。西夏国王李安全派长子率领军队来作战，被我军击败，副元帅高令公成了俘虏。攻克兀剌海城，俘虏西夏的太傅西壁氏。进至克夷门，又击败西夏军队，俘获其将领嵬名令公。包围中兴府，引黄河水来冲灌这座城。但是水堤决口，水往外流，只好撤围还师。太祖派太傅讹答进入中兴府，向西夏国王招降，西夏国王献女儿请求和好。

五年庚午的春天，金朝打算来进攻，建造乌沙堡。太祖命遮别进行突然袭击，杀死筑堡的人，接着向东略取土地。

原来，太祖向金朝进献每年固定的贡品，金朝皇帝派卫王允济到净州接受。太祖见到允济，不行礼。允济回去，准备请求发兵讨伐。正好金朝皇帝完颜羡死了，允济嗣位，即位的诏书送到蒙古，派人传话要太祖跪拜接受。太祖问金朝使节说："新皇帝是谁？"金使说："是卫王。"太祖立即向南方吐了一口唾沫，说："我以为中原的皇帝是天上的神做，这等无用胆小之人也能做吗！拜他干什么！"便骑马往北走了。金使回来报告，允济更加恼怒，想乘太祖下一次进贡时，在边境贸易的场所将他杀害。太祖知道后，便与金朝断绝关系，进一步整顿军队备战。

六年辛未的春天，太祖居住在怯绿连河。西域哈剌鲁部首领阿昔兰罕来投降。畏吾儿国君主亦都护前来觐见。二月，太祖亲自带兵南征，在野狐岭打败金朝将领定薛，攻取大水泺、丰利等县。金朝又建造乌沙堡。秋七月，太祖命遮别攻乌沙堡和乌月营，占领了二地。八月，太祖和金军在宣平的会河川交战，取得胜利。九月，攻占德兴府，居庸关的守将逃跑。遮别接着入关，直抵中都。冬十月，袭击金朝的群牧监，将群牧监管理的马匹都赶了回来。耶律阿海投降，到太祖临时屯驻的地方来谒见。皇子术赤、察合台、窝阔台分别夺取云内、东胜、武、朔等州。这一年冬天，太祖屯驻在金朝的北部边境。刘伯林、夹谷长哥等来降。

七年壬申，春正月，耶律留哥在隆安聚合人众，自称都元帅，派遣使者前来归附。太祖攻破昌、桓、抚等州。金朝将领纥石烈九斤等带领三十万军队前来援救，太祖与他们在獾儿嘴交战，金兵大败。秋天，包围西京。金朝元帅左都监奥屯襄率领军队前来援救，太祖派兵把金军引诱到密谷口，在那里迎击并全部消灭了他们。再攻西京，太祖为飞箭所伤。只好撤围而去。九月，察罕攻克奉圣州。冬十二月甲申，遮别攻东京，没有成功，立即退去。夜间驰还，突然袭击，占领了东京。

八年癸酉的春天，耶律留哥自封为辽王，改元元统。秋七月，攻占宣德府，接着攻德兴府，皇子拖雷、驸马赤驹先登城，攻克了它。太祖前进到怀来，和金朝行省完颜纲、元帅高琪交战，金军败，追到居庸关北口。金兵占据居庸关自保，太祖命可忒、薄刹守在北口前，自己前往涿鹿。金朝西京留守忽沙虎逃走。太祖出紫荆关，在五回岭击败金军，攻占涿、易二州。契丹人讹鲁不儿献北口，遮别于是占领居庸关，与可忒、薄刹会师。八月，金朝忽沙虎杀害他的君主完颜允济，迎接丰王完颜珣立为皇帝。这年秋天，太祖分兵三路。命皇子术赤、察合台、窝阔台为右军，沿着太行山往南，攻取保、遂、安肃、安、定、邢、洺、磁、相、卫、辉、怀、孟，抢掠了泽、潞、辽、沁、平阳、太原、吉、隰，占领汾、石、岚、忻、代、武等地，然后回军。皇弟哈撒儿和斡陈那颜、拙赤歹、薄刹为左军，沿海向东去，攻取蓟州、平、滦、辽西等地然后回军。太祖与皇子拖雷为中军，攻取雄、霸、莫、安、河间、沧、景、献、深、祁、蠡、冀、恩、濮、开、滑、博、济、泰安、济南、滨、棣、益都、淄、潍、登、莱、沂等地。又命木华黎攻密州，城下后进行大屠杀，史天倪、萧勃迭率领队伍来降，木华黎以皇帝的名义授他们以万户之职。太祖到中都，三路军会合，屯驻大口。

是年，河北郡县都被蒙古军攻克，坚守不下的只有中都、通、顺、真定、清、沃、大名、东平、德、邳、海州等十一城。

九年甲戌，春三月，太祖屯驻在中都的北郊。将领们请求乘胜攻破燕京，太祖未同意。于是派遣使节告知金朝皇帝说：

20

"你的山东、河北郡县都已被我占有,你剩下的只有燕京城。天既然已使你衰弱,我又逼迫你走上绝路,天将说我什么!我的军队现在要回去,你难道不能来犒劳我的军队,借此消除我手下将领的愤怒么!"金帝于是遣使求和,并派丞相完颜福兴送太祖出居庸关。夏五月,金帝迁都于汴,命完颜福兴和参政抹捻尽忠辅助太子守忠,留守中都。六月,金朝遥军的矷答等杀死统帅,率领队伍前来投降。太祖命三摸合、石抹明安和矷答等包围中都。太祖自己在鱼儿泺避暑。秋七月,金朝太子守忠逃往汴京。冬十月,木华黎征辽东,高州卢琮、金朴等投降。锦州张鲸杀死节度使,自号临海王,派遣使者前来投降。

十年乙亥春正月,守通州的金右副元帅蒲察七斤投降,授七斤以元帅之职。二月,木华黎攻北京,金军元帅寅答虎、乌古伦开城投降。便以寅答虎为留守,吾也而代理兵马都元帅,镇守该地。兴中府元帅石天应来降,以天应为兴中府尹。三月,金朝御史中丞李英等率领军队前来援救中都,在霸州发生战斗,金军失败。夏四月,攻克清、顺二州。太祖命张鲸统帅北京十提控的军队跟随南征,张鲸谋反被处死。他的兄弟张致便占据锦州,自称汉兴皇帝,改元兴龙。五月庚申,金朝中都留守完颜福兴服毒自杀,抹稔尽忠丢下中都城逃走,石抹明安便进入中都镇守。这一月,太祖在桓州凉泾避暑,派忽都忽等前往中都查收金朝国库的收藏物品。秋七月,红罗山寨主杜秀投降,授杜秀以锦州节度使之职。太祖派遣使者前去通知金朝皇帝，要他献出河北、山东没有被攻下的各城，去掉帝号改称河南王，这样的话可以停战。金帝不同意。太祖下令命史天倪向南进军，授以右副都元帅之职，赐给他金虎符。八月，史天倪攻取平州，金朝经略使乞住投降。木华黎派遣史进道等攻广宁府，守城者投降。这年秋天，攻取的城市有八百六十二个。冬十月，金朝宣抚蒲鲜万奴占据辽东自称天王，国号大真，改元天泰。十一月，耶律留哥来朝觐，留下他的儿子斜苴充当太祖的侍从。史天祥讨伐兴州，俘获兴州节度使赵守玉。

十一年丙子的春天，太祖回到庐朐河边的行宫。张致攻陷兴中府，木华黎将其消灭。秋天，撒里知兀歹、三摸合拔都鲁带领军队由西夏前往关中，越过潼关，俘获金朝西安军节度使尼庞古浦鲁虎，攻克汝州等地，抵达汴京然后还师。冬十月，蒲鲜万奴投降，送他的儿子帖哥入朝充当侍从。不久再叛，自称东夏。

十二年丁丑的夏天，强盗祁和尚占据武平，史天祥平定了这起叛乱，并擒获金朝将领巢元帅献给太祖。察罕在霸州击败金朝监军夹谷，金方求和，察罕才回军。秋八月，太祖授木华黎以太师之职，封他为国王，统领蒙古、纠、汉各路军马南征。木华黎攻克遂城、蠡州。冬天，攻克大名府，接着向东攻取了益都、淄、登、莱、潍、密等州。这一年，秃满部百姓叛乱，

派钵鲁完、朵鲁伯前去平定。

十三年戊寅，秋八月，军队出紫荆口，俘获金朝行元帅事张柔，命他继续保持原来的职务。木华黎从西京进入河东，攻克太原、平阳以及忻、代、泽、潞、汾、霍等州。金朝将领武仙向满城进攻，张柔将其打败。这一年，讨伐西夏，包围西夏的王城。西夏国王李遵顼逃往西凉。契丹人六哥占据高丽江东城，太祖命哈真、札剌带军队将他消灭，高丽王遹于是投降，请求每年进贡本地特产。

十四年己卯的春天，张柔击败武仙，祁阳、曲阳、中山等城投降。夏六月，西域杀害使者，太祖带领军队亲自出征，攻克讹答剌城，活捉城中首脑哈只儿只兰秃。秋天，木华黎攻克苛、岚、吉、隰等州，又向绛州进攻，占领以后将城中百姓全部屠杀。

十五年庚辰，春三月，太祖攻克蒲华城。夏五月，攻克寻思干城，太祖的营帐屯驻在也儿的石河。秋天，攻克斡脱罗儿城。木华黎攻取土地，来到真定，武仙投降。木华黎便以史天倪为河北西路兵马都元帅，管理真定府的事务，以武仙作他的副手。东平严实带着彰德、大名、磁、洺、恩、博、滑、浚等州三十万户前来投降，木华黎以太祖的名义授与严实金紫光禄大夫、行尚书省事。冬天，金朝邢州节度使武贵投降。木华黎攻打东平城，未能攻下，便留下严实看守，撤出围城军队前往

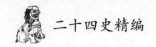

洺州，分兵攻取河北诸郡。这一年，授与董俊龙虎卫上将军、右副都元帅之职。

十六年辛巳，春天，太祖进攻卜哈儿、薛迷思干等城，皇子术赤进攻养吉干、八儿真等城，都占领了。夏季四月，太祖屯驻在铁门关，金朝皇帝派遣乌古孙仲端带着国书来请求和好，称太祖为兄，太祖没有答应。金东平行省事忙古丢掉城池逃跑，严实入城镇守。宋朝派遣苟梦玉前来请求和好。六月，宋朝涟水忠义统辖石瑾率领部众投降，以石瑾为济、兖、单三州总管。秋天，太祖进攻班勒纥等城，皇子术赤、察合台、窝阔台分兵攻打玉龙杰赤等城，都占领了。冬季十月，皇子拖雷攻克马鲁察叶可、马鲁、昔剌思等城。木华黎出河西，攻克葭、绥德、保安、鄜、坊、丹等州，进攻延安，未能占领。十一月，宋朝京东安抚使张琳以京东诸郡前来投降，被授与张琳沧、景、滨、棣等州行都元帅之职。

十七年壬午，春天，皇子拖雷攻克徒思、匿察兀儿等城。还军途中经过木剌夷国，进行大规模虏掠。渡过搠搠阑河，攻克也里等城。随即与太祖相会，合兵攻打塔里寒寨，攻下了。木华黎的军队连克乾、泾、缚、原等州，进攻凤翔，未能成功。夏天，太祖在塔里寒寨避暑。西域君主札阑丁出逃，与灭里可汗会合，忽都忽与他们交战，失败。太祖自己带兵进攻，捉住灭里可汗，札阑丁逃走。太祖派八剌追捕，没有抓住。秋天，金朝又派乌古孙仲端前来请和，在回鹘国觐见太祖。太祖对他说："我过去要你的君主将河朔地区都给我，让你的君主当河南王，彼此罢兵停战，你的君主不肯。现在木华黎已经夺取了全部河朔地区，你这时才来请求不太晚了吗?"仲端苦苦哀求，太祖说："念你远来不易，河朔既然都已为我所有，关西还有几座没有攻下的城，都割付给我，这样可以让你的君主当河南王。不要再违背我的意思。"仲端于是回去。金朝平阳公胡天作以青龙堡来降。冬季十月，金朝河中府归附，授石天应为兵马都元帅镇守该地。

十八年癸未，春三月，木华黎去世。夏天，在八鲁弯川避暑。皇子术赤、察合台、窝阔台和八刺的军队都来会合，遂即平定西域各处城市，设置达鲁花赤进行监督治理。

十九年甲申的夏天，宋朝大名总管彭义斌侵犯河北，史天倪与他在恩州交战，打败了他。这一年，太祖到东印度国，角端出现，于是班师。

二十年乙酉，春正月，回到行宫。二月，武仙在真定叛变，杀死史天倪。董俊手下的判官李全也在中山叛变。三月，史天泽向武仙发起攻击，武仙逃走，收复真定。夏季六月，彭义斌以军队响应武仙，史天泽在赞皇防御，将他捉住杀死。

二十一年丙戌，春正月，太祖因为西夏收留仇人亦腊喝翔昆以及不送质子，亲自带领军队去讨伐。二月，攻取黑水等城。

夏天，在浑垂山避暑。攻取甘、肃等州。秋天，攻取西凉府搠罗、河罗等县，于是越过沙漠，到黄河九渡，攻取应里等县。九月，李全捉住张琳，带孙郡王指挥军队将李全围困于益都。冬季十一月庚申，太祖攻灵州，西夏派嵬名令公前来援救。丙寅，太祖渡过黄河攻击西夏军，取得胜利。丁丑，五星相聚，出现在西南，太祖屯驻在盐州川。十二月，李全投降。授予张柔行军千户、保州等处都元帅之职。这一年，皇子窝阔台和察罕的军队包围金南京，派遣唐庆前往金朝责问为什么不交纳每年进贡的钱物。

二十二年丁亥，春天，太祖留下一部分部队攻打西夏王城，自己带领军队渡过黄河攻打积石州。二月，破临洮府。三月，破洮、河、西宁三州。派遣斡陈那颜攻打信都府，占领了。夏季四月，太祖到龙德，攻取德顺等州，德顺节度使爱申、进士马肩龙战死。五月，派唐庆等出使金朝。闰五月，太祖在六盘山避暑。六月，金朝派遣完颜合周、奥屯阿虎前来请求和好。太祖对群臣说："我在去年冬天五星聚会时，已经许愿不再杀掠，急促中忘记下诏书了。现在可以向中外发布告示，让他们的使者也了解我的意思。"这个月，夏国王李睨投降。太祖到清水县西江。秋季七月壬午，太祖身体不适。己丑，在萨里川哈老徒的行宫去世。临死前对身边的人说："金朝精锐部队都在潼关，南边有连绵的山脉可以据守，北边有广阔的黄河为界，很难迅速攻破。如果向宋朝借路，宋金是世代的仇敌，一定能答应我们的要求，于是我军攻占唐、邓，直捣金朝都城汴梁。金朝着急，必然从潼关征调军队。然而他们数万军队，从千里外前来援救，人马疲乏，即使到了也不能打仗，我们一定能取得胜利。"说完去世。年六十六岁。葬于起辇谷。至元三年冬十月，追谥圣武皇帝。至大二年冬十一月庚辰，加谥法天启运圣武皇帝。庙号太祖。在位二十二年。

太祖为人深沉，有伟大的志向，用兵如神，所以能灭四十国，并且平定西夏。他的奇勋伟迹很多，可惜的是当时没有设置史官，可能不少事迹没有记载下来。

继往开来治天下——窝阔台

元太宗窝阔台，是太祖三子。母亲是光献皇后，出身于弘吉剌氏族。太祖讨伐金朝平定西域时，以太宗攻占城池、开拓土地的功劳居多。太祖归天时，太宗从霍博地方前来参加丧礼。

太宗元年（1229）秋，八月二十四日，诸侯王和群臣在怯绿连河边的曲雕阿阑地方举行盛大的集会，太宗遵照太祖的遗诏在库铁乌阿剌里即皇帝位。此时起，开始制定朝廷礼仪，皇族和贵戚都要向皇帝行叩拜礼。颁布"大札撒"——即汉语"大法令"的意思。金朝派阿虎带来向太祖的丧礼敬献的礼物，太宗说："你们的主子久不投降，使我们先帝在兵戎中归天，

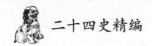

我难道能忘记？礼物有什么用呢！"拒绝礼物。便商议讨伐金朝的问题。

太宗二年（1230）秋，太宗亲自领兵征伐南方。太宗三年（1231）春，攻克凤翔，进攻洛阳、河中等城市。攻占了它们。秋，因为高丽杀害了蒙古使臣，派撒礼塔领军去讨伐，攻占了四十余城。高丽国王王暐派他的弟弟怀安公前来求降。撒礼塔按照定制设置官员，分别镇抚各地，然后回国。

太宗四年（1232）春，正月初七，太宗由白坡渡过黄河。正月初九拖雷渡过汉江，派信使来报告，太宗便下诏，命各军前进。三月，太宗命令速不台等包围金朝首都南京（开封）。

太宗五年（1233）春，正月十五日，金朝皇帝逃奔归德。二月，太宗来到铁列都地方。诏令诸侯王商议讨伐万奴的事，立即命令皇子贵由及诸侯王按赤带率领左翼军讨伐万奴。夏，四月，速不台进军到青城，崔立带着金朝的皇太后王氏、皇后徒单氏及荆王从恪、梁王守纯等来到蒙古军营，速不台派人把他们送到太宗那儿，便进入了南京。六月，金朝皇帝逃奔蔡州，塔察儿率兵包围了蔡州。秋，八月，核查登记中州的户籍，共得七十三万多户。九月，虏获万人为奴。

太宗六年（1234）春，正月，金朝皇帝传位给宗室的儿子完颜承麟，便自缢并焚化尸体。城池攻下之后，俘获了完颜承麟，将他杀死。宋兵拾取了金朝皇帝的余骨回去。金朝灭亡。

太宗十三年（1241）春，正月，皇上在揭揭察哈的沼泽地行猎。皇上患病，下诏赦免天下囚徒。皇上病愈。十一月初四，进行大规模围猎。十一月初七，回到钳铁镲胡兰山。奥都剌合蛮献酒，皇上欢饮，直到深夜才停止。十一月初八天快亮的时候，皇上在行宫里归天。在位十三年，享年五十六岁。

皇上有宽洪的度量，忠贞仁恕的心肠，能够衡量时势，估计实力，举措没有过分的事，华夏富庶，羊马成群，旅人在外不用携带干粮，当时号称国家大治天下太平。

历事三朝　名扬四海——耶律楚材

耶律楚材，字晋卿，辽朝东丹王耶律突欲的八世孙。楚材三岁时父亲去世，母亲杨氏教他读书。长大后，博览群书，兼通天文、地理、律历、术数以及佛、道、医、卜等学问，下笔写文章，好象早就做好似的。金朝制度，宰相之子可以按惯例通过考试担任尚书省属官。耶律楚材想参加进士科考试，章宗诏令按原有的制度办。考官用几个疑难案件提问，当时一起参加考试的有十七个人，只有楚材的回答特别好，于是被征召为尚书省属官。

贞祐二年，金宣宗迁都汴梁，完颜福兴为行尚书省事，留守燕京，征召耶律楚材为左右司员外郎。太祖成吉思汗攻取燕京，听说楚材的名字，于是召见他。耶律楚材身高八尺，胡须漂亮，声音宏亮，太祖对他非常重视，说："辽和金是世代的仇敌，我为你报仇雪恨。"楚材回答说："我的父亲和祖父都曾委身奉事金朝，既然做了金朝的臣民，怎敢仇恨自己的君主呢？"太祖很敬重他这番话，把他安排在自己身边，于是称呼楚材为"吾图撒合里"而不叫他的名字，"吾图撒合里"，在蒙语中意思是胡须很长的人。

己卯年夏六月，太祖向西讨伐回回国。祭旗那天，雪有三尺厚，太祖心中疑惑，耶律楚材说："盛夏季节出现水气，这是战胜敌人的预兆。"庚辰年冬天，雷声很大，太祖又问他，他回答说："回回国王将死在野外。"以后都灵验了。西夏人常八斤，因为善于制造弓箭，得到太祖的赏识，所以经常自夸道："国家正在兴兵打仗，耶律楚材这个书生有什么用！"楚材说："造弓尚且要用弓匠，取天下的人怎能不用治理天下的工匠呢？"太祖听到后十分高兴，越来越信任和重用他。西域懂得历法的人上奏说五月十五日晚将出现月蚀。楚材说："不对。"果然第二年十月，耶律楚材说将有月蚀，西域人说没有，到时间果然月蚀八分。壬午年八月，彗星出现在西方，楚材说："女真将改换皇帝了。"第二年，金宣宗果然去世。太祖每次出师征讨，必定要让耶律楚材占卜吉凶，太祖自己也炙烧羊胛骨，判断天意和人事是否相符。指着楚材对太宗说："这个人是上天赐给我家的。以后军国大事都要交给他处理。"甲申年，太祖到达东印度，驻扎在铁门关，有一只头上长角的野兽，形状象鹿却长着马的尾巴，绿颜色，会讲人话，对侍卫说："你的主人应早点回去。"太祖向耶律楚材询问这件事，楚材回答说："这是吉祥的动物，名叫角端，能说各个地方的语言，喜欢生灵而厌恶杀戮，这是上天降下符瑞以告诫陛下。陛下是上天的大儿子，天下的人都是陛下的子女，希望陛下顺应上天的心意，保全百姓的生命。"太祖当天班师。

丙戌年冬天，跟随太祖攻克灵武，将领们都争着掠取子女金帛，只有耶律楚材专门收集失落的书籍和大黄等药材。不久士兵们染上疫病，用大黄一治就好了。太祖亲自经营西方的疆土，来不及制定有关制度，州郡长官，任意生杀，甚至把老百姓的妻子强迫变为奴隶，掠夺财物，兼并土地。燕蓟留后长官石抹咸得卜尤其贪婪暴虐，杀人满市。楚材听后流泪，随即上奏，请求向各州郡发布禁令，如果没有皇帝的圣旨，不得随便向百姓征税调役，囚犯应处死刑的必须上报，违反者处以死罪，于是贪暴的风气有所收敛。燕京一带有许多厉害的盗贼，光天化日之下就拉着牛车到富人家索取财物，不给就杀人。当时睿宗拖雷以皇子的身份监理国事，听说这些情况，便派遣宫中使臣和耶律楚材一起前去严厉查办。楚材查问到盗贼的姓名，都是留后长官的亲属和有权势人家的子弟，将他们全部逮捕入狱。

盗贼的家里贿赂宫中使臣，使臣企图拖延处理，楚材向他讲明这样做将带来的后果，使臣惧怕，听从了耶律楚材的意见，定案后，在集市上处死十六人，燕京的百姓才得以安定。

己丑年秋天，太宗将即位，宗室皇亲都聚集在一起，讨论还没有作出决定。当时睿宗拖雷是太宗窝阔台的亲弟弟，所以耶律楚材对睿宗说："这是宗庙社稷的大事，应该尽早确定。"睿宗说："事情尚未完结，另外选个日子怎么样？"楚材说："过了今天就没有吉日了。"于是确定下来，耶律楚材建立礼仪制度，进而对亲王察合台说："亲王虽然是兄长，但地位却为臣子，按礼节应当跪拜皇帝。您跪拜了，那么就没人敢不拜了。"察合台很赞同。等到太宗即位，察合台率领全体皇族成员和大臣们在宫帐下跪拜。礼毕退下，察合台手抚着耶律楚材说："您真是安邦定国的大臣啊！"蒙古国君臣间有跪拜之礼从这时候开始。当时朝会迟到应处死刑的人很多，楚材上奏道："陛下刚刚即位，应该赦免他们。"太宗听从。

中原刚刚平定，老百姓误犯法律的人很多，而国家法令中没有赦免的说法。耶律楚材请求对他们宽大处理，众人都认为不切实际，唯独楚材严肃地向皇帝建议。皇帝发布诏令，凡是庚寅年正月初一以前犯的事情都不予追究。他还拟订了十八项应办的事情，建议颁行天下。大致是说："州郡要设置长官以管理百姓，设置万户以统率军队，使文、武双方势均力敌，以防止骄横的作风。中原地区，是国家财赋的来源，应该保存和照顾这里的百姓，州县如果没有上司的命令，胆敢擅自科征赋税的要判罪。借贷官府财物做买卖的，也要判罪。蒙古、回鹘、河西等地的人，种地不交税的处以死刑。负责管理的官员自己盗窃官府财物的也要处死。凡是犯死罪的，要将理由上奏朝廷等待批复，然后行刑。各地上贡和进献礼物，为害不小，必须严禁。"太宗全部同意，只有禁止贡献礼物这件事不答应，说："那些自愿贡献的，应该允许。"楚材说："腐败的祸端，必然从这里开始。"太宗说："凡是你奏请的事情，我没有一件不答应，你难道不能顺从我一件事吗？"

太祖在世之时，每年都要在西域用兵，因此中原得不到治理，很多官吏都聚敛财物为自己打算，家中财物多得不得了，而官府却没有什么储备。近臣别迭等人说："汉人对国家没什么用处，可以把他们的土地全部空出来做牧场。"耶律楚材说："陛下即将向南征伐，军需物资要有来源，如果能均衡地确定中原地区的田税、商税以及盐、酒、铁冶和山林河湖等业的赋税，每年可以得到五十万两白银、八万匹绢帛和四十多万石粟子，足以供给军队需要，怎能说没什么用处呢？"太宗说："你为我试着办。"于是奏请设立燕京等十路征收课税使，凡正、副长官都任用读书人，如陈时可、赵昉等都是宽厚长者、天下第一流的人物，属官都用金朝尚书省六部的原班人员。辛卯年秋天，太宗到云中，十路都送来储存粮食的簿册和黄金、绢帛，陈列在庭院中，太宗笑着对楚材说："你不曾离开过我的身边，却能使国家经费充裕，南方金国还有象你这样的大臣吗？"楚材回答说："在那里的人都比我贤明能干，我没什么本事，所以才留在燕京，为陛下所用。"

耶律楚材上奏："凡是地方州郡应该让行政长官专门管理民事，万户统管军政，凡是地方所掌管的征收赋税的事务，权贵不能干预。"又推荐镇海、粘合二人，与他共同工作，权贵都不服气。咸得卜因为过去跟耶律楚材有仇，尤其忌恨他，在宗王面前诬陷道："耶律中书令专门任用自己的亲信故旧，必定怀有叛逆之心，应该奏请皇帝杀掉他。"宗王派人告诉皇帝，太宗觉察到这是诬陷，就斥责了来人，把他打发回去。接着有人控告咸得卜有犯法行为，太宗命楚材审理此事，耶律楚材上奏说："此人骄傲自大，因而容易招来别人的攻击。现在正要对南方用兵，以后再作处理也不晚。"太宗私下对侍臣说："楚材不计私仇，真是宽厚长者，你们应当效法他。"宫中显贵可思不花奏请召募采金银的役夫以及到西域种田、栽葡萄的人户，太宗下令在西京宣德迁移一万多户来充当。楚材说："先帝遗诏中说，山后的百姓质朴，和蒙古人没有区别，遇到危难时可以利用，不应轻易迁移他们。如今即将征讨河南，请不要分散山后百姓，以便在这次军事行动中使用他们。"太宗同意。

壬辰年春天，太宗南下征讨，将要渡黄河，诏令逃难的百姓，前来投降的可以免死。有人说："这些人危急的时候就投降，没事的时候就逃走，只对敌人有好处，不能宽大处理。"耶律楚材请求制作几

百面旗子，发给投降的难民，让他们返回乡里，很多人因此得以保全性命。按照蒙古传统的制度，凡是攻打城池，敌人用弓箭和石块袭击的，就是违抗命令，攻克之后，必定将城中军民全部杀死。汴梁将要攻下，大将速不台派人来说："金人抗拒了很长时间，我军死伤很多，汴梁攻克之日，应该屠城。"耶律楚材急忙进去上奏道："将士们辛苦了几十年，想要得到的不过是土地和人民。得到了土地而失去了人民，又有什么用呢？"太宗犹豫不决，楚材又说："能工巧匠，富裕人家，都集中在这里，如果将他们全部杀死，将会一无所获。"太宗接受了他的意见，下诏只处罚完颜氏一族，其余都不追究。当时躲避打仗而住在汴梁的有一百四十七万人。

耶律楚材又请求派人进城，寻求孔子后代，找到孔子的五十一代孙孔元措，奏请由他继承"衍圣公"的封号，将孔林、孔庙的土地交付给他，命令他收集金朝的太常礼乐生。又征召著名的儒生梁陟、王万庆、赵著等人，让他们将《九经》译成口语，讲给太子听。又率领大臣们的子孙，拿着经书讲解其中的含义，使他们知道圣人的学说。在燕京设置编修所，在平阳

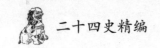

设置经籍所，从此文明教化开始兴盛。

当时河南地区刚刚攻下，俘虏很多，蒙军返回，俘虏逃跑的有十分之七、八。皇帝下令：凡是收留和资助逃亡者的，处死全家，同村邻里也要连坐。因此，逃亡者没有人敢收留，大多饿死在路上。耶律楚材平心静气地对太宗说："河南已平，这里的百姓都是陛下的儿女，还会走到哪里去呢！何必因为一个俘虏，而使几十个上百个人牵连受死呢？"太宗醒悟，下诏解禁。金朝灭亡后，只有秦、巩等二十多个州很久没有投降，楚材上奏道："过去我们的百姓逃避罪罚，有的集中在这些地方，所以拼死抵抗，如果答应不杀他们，将不攻自破。"赦免死罪的诏令一下，这些城池都归降了。

甲午年，讨论将中原百姓登记编户，大臣忽都虎等人建议以成年男子为征税对象。耶律楚材说："不行。成年男子逃走，那么赋税就征收不到了，应当以户为征收对象。"争论多次，终于确定以户为征收对象。当时将相大臣获得的俘虏，往往寄存在地方州郡，楚材利用登记户口的机会，下令将俘虏全部登记为平民，凡是隐藏私占的处以死刑。

乙未年，朝廷讨论将四处征伐没有归附的地方，假如派遣回回人征讨江南，汉人征讨西域，那么就能有效地控制他们，耶律楚材说："不行。中原和西域相距遥远，还没有到达敌人的边境，就已经人马疲乏了，加上水土不服，容易生传染病，应该各从其便。"皇帝表示接受。

丙申年春天，宗王们大聚会，太宗亲自拿起酒杯赐给耶律楚材说："我之所以推心置腹地任用你，是因为先帝的命令。没有你，中原地区就没有今天。我之所以能够高枕无忧，都是因为你的努力。"西域各国以及宋朝、高丽的使者前来朝见，说的话大多不可信，太宗指着耶律楚材对他们说："你们国家有这样的人才吗？"使者们都老实地说道："没有。他简直是神人啊！"太宗说："你们只有这句话不假，我也觉得你们国中一定没有这样的人才。"有个叫于元的人奏请发行纸币，耶律楚材说："金章宗时开始推行纸币，与铜钱同时使用，官府以发行纸币来谋利，不愿意回收，称为'老钞'，甚至一万贯纸币只能买一张饼。百姓穷困，国家经费短缺，应该引以为戒。现在印制纸币，不能超过一万锭。"朝廷接受了他的意见。

秋七月，忽都虎送来了户口簿，太宗打算分割州县赏赐给亲王、功臣。耶律楚材说："分割土地和人民，容易发生冲突和纠纷。不如多赐给他们金帛财物。"太宗说："已经答应了，怎么办呢？"楚材说："如果朝廷设置官吏，征收上交给诸王功臣的赋税，到年底分给他们，不让他们自行征收，这样就可以了。"太宗同意他的想法，于是确定全国的赋税，每两户出丝一斤，以供国家使用；五户合出丝一斤，作为诸王和功臣封地的收入。地税：中等田每亩交二升半，上等田交三升，下等田交二升，水田每亩交五升；商税征收三十分之一；盐价，白银一两可买四十斤。正常的赋税额确定后，朝廷讨论认为太轻，楚材说："赋税从轻，仍会产生贪污的弊端，以后将会有人以增加国家收入为升官的途径，那样的话现在的赋税额就已经够重的了。"

当时工匠制造物品，随意浪费官府的物资，十之八、九被他们私自占有，耶律楚材请求全部加以考核，建立起固定的制度。当时侍臣脱欢奏请在天下没有出嫁的女子中挑选美女，诏令已经颁发，耶律楚材拦住不执行，太宗发怒。楚材进谏道："以前挑选了二十八个美女，已经足够用来使唤。现在又要挑选，我担心骚扰百姓，正想再向陛下汇报。"太宗过了好一会儿才说："可以取消这件事。"又打算征收民间的母马，楚材说："耕种养蚕的地方，不出产马，现在如果推行收马之法，以后必定成为百姓的祸害。"太宗又接受了他的意见。

丁酉年，耶律楚材上奏说："制造器具必须用好的工匠，要保持国家已取得的成就必须任用儒臣。儒臣的事业，不进行几十年的积累，是难以成功的。"太宗说："果真是这样的话，可以让这些人做官。"楚材说："请加以考试选拔。"于是命令宣德州宣课使刘中到各郡去主持考试，分为经义、词赋、论三个科目，被俘为奴的读书人，也让他们参加考试，主人隐藏不让他们应试的处以死刑。共选拔了四千三百名读书人，免去奴

隶身份的占四分之一。

以前，州郡官吏中有很多人借商人的银钱来偿还欠官府的债务，利息累计为本钱的好几倍，称为"羊羔儿利"，甚至妻子儿女都被变卖为奴隶，还是还不清。耶律楚材上奏，下令利息与本钱相等后不许再增加，永远成为固定的制度，民间所欠的债务，由官府代为偿还。直至统一度量衡、颁发符印、建立钞法、制定统一的贸易法规、设置邮政系统、明确驿站的使用凭证，各种政务大致齐备，百姓稍微能够休养生息。

太原路转运使吕振、副使刘子振，因为贪污而获罪。太宗责备耶律楚材说："你讲过孔子的教导可行，读书人是好人，为什么还有这种人？"楚材答道："君主、父亲教导臣属、子女，也不想让他们去做不讲道义的事情。三纲五常是圣人的教导，管理国家的人没有不遵循的，好比是天上有太阳和月亮一样。怎能因为一个人的过失，而使得万世经常奉行的学说单单在我们这个朝代被废止呢？"太宗的恼怒方才得以缓解。

富人刘忽笃马、涉猎发丁和刘廷玉等人用银一百四十万两承包天下赋税，楚材说："这些都是贪图财利的家伙，欺骗朝廷坑害百姓，为害很大。"奏请皇帝取消这种做法。他经常说："兴一利不如除一弊，多一事不如少一事。任尚以为班超的话平淡无奇，但是千年之后，自有定论。以后遭到谴责的人，才知道我的话不假。"太宗素来喜欢喝酒，每天与大臣们开怀畅饮，楚材多次劝阻，太宗不听，于是就拿着酒槽的铁口对太宗说："酒能够使东西腐烂，铁尚且如此，何况是人的五脏呢？"太宗醒悟，对近臣说道："你们这些人爱护君王，为国忧虑的心意，难道能比得上吾图撒合里吗？"

自从庚寅年确定征税规则，到甲午年平定河南，税额每年都有增加，到戊戌年征收的白银达一百一十万两。有个翻译名叫安天合，讨好镇海，率先招引奥都刺合蛮包买赋税，又增加到二百二十万两白银。耶律楚材极力争辩劝阻，以至于声色俱厉，一边说一边哭。太宗说："你想打架呀？"又说："你想为百姓哭泣吗？姑且让他们试着做做再说。"楚材无法阻止，于是叹息道："百姓困穷，将从此开始了！"

耶律楚材曾与宗王一起吃饭，喝醉后躺在车中，太宗在原野上看见了，直接来到他的营盘里，登上车用手推他。楚材睡得正香，正为别人打扰自己而恼怒，忽然睁开眼睛一看，才知道是皇帝来了，慌忙起身谢罪，太宗说："有酒一个人醉，不想跟我一起快活快活吗？"笑着走了。楚材来不及穿戴好衣冠，赶紧骑马前往皇帝的行官，太宗为他摆开酒席，尽兴而罢。

耶律楚材主持政务很长时间，不吝钱财，常把得到的俸禄分给自己的亲族，从来没有徇私情让他们做官。行省刘敏严肃认真地向他提起此事，楚材说："使亲族和睦的道理，只应是用财物资助他们。我不能为了照顾私人感情而让他们去做官违法。"

辛丑年二月三日，太宗病危，医生说脉博已经不动了。皇后不知所措，把耶律楚材召来询问，楚材回答说："现在任用的官员不合适，出卖官职，打官司要贿赂，囚禁无辜的人很多。我请求赦免天下的囚徒。"皇后想立即去做，楚材说："没有皇帝的命令不行。"过了一会，太宗稍微苏醒过来，于是上奏请求赦免囚犯，太宗已不能说话，点头表示同意。当天夜里，医生测到脉搏重新跳动，正好是宣读赦免令的时候，第二天病就好了。冬十一月四日，太宗将出去打猎，打猎五天，太宗在行营中去世。皇后乃马真氏行使皇帝权力，重用和信任奸邪之人，政务都被搞乱。奥都剌合蛮因为包买赋税而执掌大权，朝廷里的人都害怕他、依附他。楚材当面斥责，在朝廷中争辨，说别人不敢说的话，人们都为他担心。

癸卯年五月，耶律楚材上奏说："将有惊扰发生，但最后会没事的。"没过多久，朝廷用兵，事情仓猝发生，群情纷扰，皇后于是下令将靠得住的人武装起来，甚至想向西迁移以躲避面临的危机。楚材说："朝廷是天下的根本，根本一旦动摇，天下将会动乱。我观察天象，肯定没有灾难。"过了几天就安定下来。皇后将盖有皇帝大印的空白纸张交给奥都剌合蛮，让他自行填写办事。楚材说："天下是先皇帝的天下。朝廷自有法律规章，现在要搅乱，我不敢遵从命令。"这件事因而中止。

又有旨令说："凡是奥都剌合蛮提出的建议，令史如果不记录下来，就砍断他的手。"楚材说："国家的典章制度，先帝都托付给老臣我来维护，跟令史有什么关系呢？事情如果合理，自然应当奉命执行，如果不能照办的，死都不怕，何况是断手呢！"皇后很不高兴。楚材仍然争辩不已，并大声说："老臣我奉事太祖、太宗三十多年，没有辜负国家，皇后又怎么能没有罪名而处死我呢！"皇后虽然恨他，也因为他是先朝的有功旧臣，对他既尊敬又畏惧。

甲辰年夏五月，耶律楚材死在官位上，终年五十五岁。皇后哀悼，赠赐非常丰厚。后来有人诬陷楚材，说他当宰相时间很长，天下进贡的赋税有一半都落到他的家中。皇后命令侍从大臣麻里扎前去查看，只有十几张琴、阮以及几千卷古今书画、金石和遗文。至顺元年，赠官号为经国议制寅亮佐运功臣、太师、上柱国，追封为广宁王，谥号"文正"。

明

史

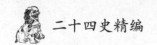

《明史》概论

　　《明史》是正史中的一部大书，它的卷数仅次于
《宋史》，全书共计三百三十二卷，其中本纪二十四卷、
表十三卷、列传二百二十卷，近五百万字。《明史》的
修纂时间在二十四史中为最长的一部，从清顺治二年
（1645）下诏纂修开始，至乾隆四年（1739）刊刻进
呈，前后长达九十五年。《明史》又是继前四史之后的
一部体例完备、史笔谨严的史学鸿绪家中。王鸿绪，字
季友，松江娄县人，他三度担任《明史》总裁，解任
归乡后，他在万氏《明史稿》的基础上略加改动删削，
在康熙五十三年（1714）完成列传部分，雍正元年完
成了纪、志、表，全稿三百一十卷，这就是后来王氏子
孙刊印的《横云山人明史稿》。这部《明史稿》虽然以

王氏之名进呈，实际上它浸透了万斯同二十年的心血。

雍正元年（1723）续开史馆，总裁张廷玉等以"王稿"为蓝本，进行最后的修订整理，雍正十三年（1735）《明史》全书完成。

一

《明史》继承了中国官修"正史"的传统体例，以纪传为主干，辅之以志、表，但根据明朝的特殊史事，编修者又作了有创意性的体例编排，使《明史》成为一部体例完备、纂修谨严的史学名著。

明朝三百年，处于中国封建社会的后期，民族矛盾、阶级矛盾、统治集团内部的矛盾以及中国传统文化与新兴市民文化的矛盾错综复杂，《明史》纂修者自觉不自觉地意识到这一点，力图用史家之笔将这些记述下来，十分重视体例的订定。朱彝尊曾就明三百年创见之事，上书总裁，说体例合乎时宜，不相沿袭，请先定例发凡，让编修者有章可循。此外徐乾学有《修史条议》、王鸿绪有《史例议》、汤斌有《本纪条例》、《明史凡例议》、潘耒有《修明史议》等，他们就《明史》的体例和纂修方法作了具体的讨论。例如是否立《道学传》的问题在当时争论颇大，一种意见认为，依照《宋史》旧例将明儒学术醇正，与程朱学说吻合者，编为《道学传》，其他学术流派统归《儒林传》；另外一种意见认为，儒学为治世大法，道学只讲性理，儒学可以包容道学，但道学不能兼儒学，因此不宜分《道学》、《儒林》两传，设《儒林》一传足可以包涵道学人物。为此，著名学者黄宗羲致书史馆，表示自己的意见，认为《宋史》立《道学传》为元人之陋，《明史》不当仍就其例。最后史馆采纳了只设《儒林传》的意见，而在《儒林传》下分程朱之学、江门姚江之学、圣贤后裔三卷，这样做到了有合有分，统系明晰，处理较为恰当。

大抵《明史》所创新的体例，主要表现在以下几点：

第一、在本纪上按实际历史情况将英宗分为前后两纪，中间安排了景帝纪，改变了英宗实录附记景泰七年事迹的不当作法。

第二、《历志》增设图像，便于理解，这是前志所没有的。《艺文志》专载明人著述，前代著作不予收录，创《艺文志》断代体例。

第三、根据明朝官制变动情况，将六部尚书与都察御史合称七卿，首设《七卿表》。

第四、为了突出明朝的特殊史实，在列传中新设《阉党》、《流贼》、《土司》三传。《四库全书总目提要》中说，其所以创《阉党传》，"盖貂珰之祸，虽汉唐以下皆有，而士大夫趋势附膻，则惟明人为最伙，其流毒天下亦至酷，别为一传，所以著乱亡之源，不但示斧钺之诛也。"创《流贼传》，是因为李自成、张献忠领导的农民军，使明朝覆亡，"剿抚之失，足为炯鉴"，非其他小规模起义可比，又非割据群雄可比，所以另外立传。至于《土司传》，根据地方土著民族的特点，明朝沿袭元朝作法，设立土司，"控驭之道，与牧民殊，与御敌国又殊"，所以自为一类，设专传记述其叛服情况。

《明史》注重"以时为序，以事为主"的传统编纂方法的运用，在列传的编排上也遵守了这一原则。如《明史》列传开篇就把与朱元璋同时起事的郭子兴、韩林儿、刘福通编成一卷，接着是元末起义群雄陈友谅、徐寿辉和张士诚等，其次是支撑元朝残局的几位将相，再就是明朝开国功臣。在以后各朝人物记述中，作者采用"以类相从"的方法，将重大历史事件，按时间先后进行编排，如靖难、仁宣之治、土木之变、大礼之义、庚戌之变、东林党等。将事件涉及到的重要人物集中记述，使人们易于了解事件的全过程，也避免重复与遗漏。

《明史》不重视子孙附传，而注意同事附传，数十人共一事者，以一主要人物立传，同事诸人各附一小传于主要人物传后。如果同事之人另有专传，则此一事件不复详叙，只说事见某人传中。如《夏良胜传》后附因谏阻武宗南巡，而受到杖责的一百四十余人的简况。虽然其中有的附传简略到只有姓名，但也为人们作进一步深入了解提供了线索。

审慎、严谨是《明史》纂修特点之一。《明史》成书经历了由博而约、由繁至简的提炼过程，其步骤是先立单卷或长篇，然后逐步删削定稿。如潘耒修《食货志》，抄录洪武朝至万历朝资料六十余本，然后写出了扼要简明的本志。其他史臣同样有此认真的态度，尽可能占有丰富的史料，如撰写严嵩、张居正、周延儒列传时，都先抄录了他们的事迹五百余页，而魏忠贤的事迹多达一千余页。对于史料的抉择，《明史》作者持谨慎的处理方法，凡经不起推敲的材料，不管它说得如何美妙，也弃而不取。对于史籍记载有歧异，难定是非时，则采取存疑互见的方法，把几种不同的说法一一列举，

"以待后人之自定"，如建文帝的下落、李自成之死等。

《明史》在剪裁上也体现了自己的特色，在《明史》列传中，作者为了生动、形象地再现历史，往往多载史料原文，特别是明代诸臣奏疏，凡切于时弊的，多录入书中。在大礼议诸臣传中，奏疏常常是传文的主要内容。此外蒋钦弹劾刘瑾，沈炼、杨继盛之劾严嵩，杨涟之劾魏忠贤等著名疏文都保留在列传之中，这样既保留了史料，又免去了读者阅读的枯燥之感。

当然《明史》也有脱漏、讹误的地方，这是由两方面的原因造成的，一种是编纂者的疏忽，因为书成于众人之手，且几易总裁，讹误错漏在所难免；另一种是有意脱漏，清朝皇帝以异族入主中原，他们为了表明自己祖先从未臣属过明朝，没有接受过明朝封号，有意隐避建州女真问题。对南明遗事更不轻易涉及，《明史稿》原来已为南明三王立传，张廷玉修《明史》时却将其删去。这些是《明史》的明显不足之处。

二

历史推进到十七、十八世纪，中国封建社会出现了若干新的动向，近代欧洲文化部分因素在耶稣会士的介绍下，进入中国，在内外历史文化的嬗变中，封建文化人敏锐地把握了这一点，加上明清易代之变的心理创伤，他们对历史的记述更为清醒和自觉，因此《明史》具有较合理的史学观点和较高的价值。这主要表现在以下几点：

首先，较为尊重历史的客观性。秉笔直书式的实录是中国史官文化的优良传统，但是为了维护这一原则的实现，史书作者往往要经过艰辛的努力，甚至付出自己的生命。因此客观记述历史，并不是件容易事。但总的看来《明史》的记述比较客观平正。

《明史》注意对明代社会各阶级、阶层矛盾斗争的揭露，以展示明代社会的真实情形。如对统治阶级内部斗争的记述，就是《明史》记载最多的一个方面。《明史》作者不惜篇幅地记叙这些斗争情况，使读者在这些直观的历史事实面前感受到明朝政治的黑暗。

在历史人物的记叙方面，《明史》对传统的"春秋笔法"有所保留，不在一字定褒贬上下功夫，采取的是"如实以录，褒贬自见"的方法，让历史事实本身说话。对于人物事迹，一般都功过并举，互不相掩，在人物评述上基本作到了客观全面。

第二，对历史发展的趋势有一定的认识。朝代的更迭,历史的变迁,都有着一定的规律和走向,翻天覆地的历史巨变背后,隐藏着日积月累的渐变过程。《明史》纂修者大多是明朝遗民及其子孙,他们对明朝亡国的历史结局,作了较理智的反省,在一定程度上认识到历史发展的理势。

在以农立国的传统社会里,农民是社会的主体,农民是否安居乐业直接关系到国家社会的稳定与否。《明史》纂修者认识到这一点,在记述众多农民起义事件时,特别揭示农民起义的原因在于统治阶级过分加重对民众的剥夺,体现了编纂者的历史眼光。

《明史》作者对社会历史发展的必然趋势有一定程度的认识,多少感觉到个人力量无法改变历史的发展,英雄与时势有某种内在的关系,因此在处理历史人物时,《明史》作者有接近历史真实的眼光,如谈到朱元璋为何从淮右布衣上升为统一帝国的皇帝时,就认识到朱元璋不仅有"聪明神武之资",还因为他"乘时应运"。适应了当时的历史发展的大势,聚集了各路英雄,利用刘福通、韩林儿在中原牵制元军的有利时机,从容安定江南,然后以此为基业北伐元朝大都。

《明史》纂修者尤为关注的是明朝亡国的原因。从《明史》的许多叙述中可以看出,作者已经认识到明朝之亡，不在于明末，而在明中叶以后，尤其是万历以后统治阶级日益腐朽的必然结果。在封建统治阶级内部虽然也有少数精明强健之士，但"运转事易，难于建功，而易于挫败"。认为崇祯皇帝励精图治却难逃亡国的命运，这并不是他个人的原因，而是明朝"大势已倾，积习难挽"。

第三，对社会经济和自然科学较为关注。《明史》继承了传统正史有关经济记述的作法，在《食货志》中对明代土地关系、赋役制度、钱钞商税与矿冶开采都作了较为详细而系统的叙述，并且指出"富国之本，在于农桑"。

水利是农业经济的命脉，《明史》对水利的兴修十分注意，不仅《河渠志》中对黄河、淮河、运河等地水利多有记载，在列传中也记录了不少大臣治水情形。

对于与社会生产和人民生活密切相关的自然科学，《明史》作者也有进一步的认识。这在《明史》的天文、五行、历诸志中都有所体现。他们还注意到了由耶稣会士传入的"西学"，对于西方的科学知识，不盲目排斥，在天文、历志中还注意吸收西学的成果，认为西方的天文历算之学，"不背于古，而有验于天"，是较科学的天文历法。当然，由于时代的局限，《明史》对自然科学的认识仍很不够，对于明末的科技高峰未能全面反映，象李时珍这样的大药物学家，虽为其立传，但却放在《方伎传》中，反映了作者仍囿于传统的观念。

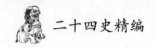

政　略

纪淑妃潜养皇子

　　孝穆纪太后，孝宗①生母也，贺县人。本蛮土官女。成化中征蛮，俘入掖庭，授女史，警敏通文字，命守内藏。时万贵妃专宠而妒，后宫有娠者皆治使堕。柏贤妃生悼恭太子②，亦为所害。帝偶行内藏，应对称旨，悦，幸之，遂有身。万贵妃知而恚甚，令婢钩治之。婢谬报曰病痞。乃谪居安乐堂。久之，生孝宗，使门监张敏溺焉。敏惊曰："上未有子，奈何弃之。"稍哺粉饵饴③蜜，藏之他室，贵妃日伺无所得。至五六岁，未敢剪胎发。时吴后废居西内，近安乐堂，密知其事，往来哺养，帝不知也。

　　帝自悼恭太子薨后，久无嗣，中外皆以为忧。成化十一年，帝召张敏栉发，照镜叹曰："老将至而无子。"敏伏地曰："死罪，万岁已有子也。"帝愕然，问安在。

对曰："奴言即死，万岁当为皇子主。"于是太监怀恩顿首曰："敏言是。皇子潜养西内，今已六岁矣，匿不敢闻。"帝大喜，即日幸西内，遣使往迎皇子。使至，妃抱皇子泣曰："儿去，吾不得生。儿见黄袍有须者，即儿父也。"衣以小绯袍，乘小舆，拥至阶下，发披地，走投帝怀。帝置之膝，抚视久之，悲喜泣下曰："我子也，类我。"使怀恩赴内阁具道其故，群臣皆大喜。明日，入贺，颁诏天下。移妃居永寿宫，数召见。万贵妃日夜怨泣曰："群小绐④我。"其年六月，妃暴薨。或曰贵妃致之死，或曰自缢也。谥恭恪庄僖淑妃。敏惧，亦吞金死。敏，同安⑤人。

……孝宗即位，追谥淑妃为孝穆太后，迁葬茂陵，别祀奉慈殿。

（《明史·后妃传》）

【注释】

①孝宗：明孝宗朱祐樘，公元1488—1505年在位。②"柏贤妃"句：柏贤妃，明宪宗妃。悼恭太子，生于成化五年，取名祐极，两岁时立为皇太子，成化八年（公元1472年）二月突然夭折。③饴（yí）：糖浆；糖稀。④绐（dài）：欺哄。⑤同安：县名。今属福建省。

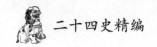

【译文】

　　孝穆纪太后，是明孝宗的生母，贺县人。原先是少数民族土官的女儿。成化年间征讨西南少数民族，被俘后进了后宫当宫女，授任女史，因为她聪明伶俐，通晓文字，王皇后便命她守护宫廷藏书库。当时万贵妃专恃恩宠，心性忌妒，后宫妃嫔宫女有了身孕的她都下毒手堕胎。柏贤妃生了悼恭太子，后来也被她害死。宪宗皇帝有一次偶然到藏书库来，见纪女年轻美貌，言谈应对很合圣意，宪宗爱幸，于是有了身孕。万贵妃知道后非常妒恨，便命心腹丫环来查办。这丫环知纪女怀下龙种，便隐瞒真情，向贵妃回报说纪氏得了肿瘤病症。于是贬斥纪女，把她赶出藏书库，迁居安乐堂。又过了很长一段时间，纪氏生下一男，就是后来的孝宗。当时纪氏心知自己难于抚养，便叫守门太监张敏把儿子抱出溺死。张敏听说要把婴儿溺死，大惊失色，说："皇上还没有子嗣，怎么能轻弃皇儿？"便把皇子藏到别处密室中，慢慢用米粉糊蜜糖水哺养，万贵妃时常暗查都没有查出。皇子一直到五、六岁，都不敢剪胎发。那几年当中，吴皇后被贬谪，住在西宫，在安乐堂附近，暗中知道了皇子之事，便把皇子接到西宫，让纪氏往来哺养，宪宗皇帝仍然不知道。

　　宪宗皇帝自从悼恭太子死后，很久没有子嗣，朝廷内外都为此而担忧。成化十一年，皇帝召太监张敏到寝宫来为他梳理头发，他对镜自照，不觉喟然长叹，说："朕都快老了，却还没有子嗣。"张敏听后，立即伏地顿首，说："臣有事未奏圣上，死罪，死罪！万岁已有子了。"皇帝十分吃惊，忙问皇子在哪里。张敏回答说："奴言一出，性命难保，望万岁为皇子作主。"这时太监怀恩在旁边，连忙跪下奏道："张敏说的是实话。皇子一直在西宫暗中养育，现在已经六岁了，因害怕被人谋害，所以一直隐匿不报。"皇帝大喜过望，立即前往西宫，并派人到纪妃居住的安乐堂迎接皇子。皇帝派的人到了安乐堂，纪妃抱着皇子哭道："我儿出去可以重见天日了，只是恐怕我性命难保。我儿看见那身穿黄袍、脸上有胡须的，就是你的父亲。"边说着边给皇子换上一件小红袍，把他抱上小轿子，迎接的人簇拥着皇子到了西宫殿阶下面，皇子从轿子里下来，满头长发披地，三蹦两跳地跑上台阶，一头扑到宪宗怀里。宪宗把儿子抱起来，让他坐在自己的双膝上，爱抚地看了又看。宪宗悲喜交集，垂着热泪说："是我的儿子，真像我。"于是派怀恩到内阁将得皇子喜讯告诉大臣们，群臣都欢天喜地。第二天，群臣进宫拜贺，并颁布诏书，告谕天下。后来淑妃移居永寿宫，宪宗时常召见她。万贵妃对此事怀恨在心，昼夜怨愤哭泣，恶狠狠地说："这帮小人哄骗了我。"这一年六月，纪妃暴亡。有人说是万贵妃下毒手害死了她，有人说是上吊自杀。谥号为恭恪庄僖淑妃。淑妃暴亡，张敏惧祸，也吞金自杀。张敏，是同安县人。

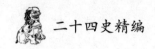

……孝宗即位之后，追谥淑妃为孝穆太后，迁葬茂陵，别祀奉慈殿。

张居正为官治政

居正①为政，以尊主权、课吏职、信赏罚、一号令为主。虽万里外，朝下而夕奉行。黔国公沐朝弼数犯法，当逮，朝议难之。居正擢用其子，驰使缚之，不敢动。既至，请贷其死，锢之南京。漕河通，居正以岁赋逾春，发水横溢，非决则涸，乃采漕臣议，督艘卒以孟冬月兑运，及岁初毕发，少罹水患。行之久，太仓粟充盈，可支十年。互市饶马，乃减太仆种马，而令民以价纳，太仆金亦积四百余万。又为考成法以责吏治。初，部院覆奏行抚按勘者，尝稽不报。居正令以大小缓急为限，误者抵罪。自是，一切不敢饰非，政体为肃。南京小奄醉辱给事中，言者请究治。居正谪其尤激者赵参鲁于外以悦保，而徐说保裁抑其党，毋与六部事。其奉使者，时令缇骑阴逡之。其党以是怨居正，而心不附保。

居正以御史在外，往往凌抚臣，痛欲折之。一事小不合，诟责随下，又敕其长加考察。给事中余懋学请行宽大之政，居正以为风己，削其职。御史傅应祯继言之，尤切。下诏狱，杖戍。给事中徐贞明等群拥入狱，视具橐馈，亦逮谪外。御史刘台按辽东，误奏捷。居正方引故事绳督之，台抗章论居正专恣不法，居正怒甚。帝为下台诏狱，命杖百，远戍。居正阳具疏救之，仅夺其职。已，卒戍台。由是，诸给事御史益畏居正，而心不平。

当是时，太后以帝冲年，尊礼居正甚至，同列吕调阳莫敢异同。及吏部左侍郎张四维入，恂恂若属吏，不敢以僚自处。

居正喜建竖，能以智数驭下，人多乐为之尽。俺答款塞，久不为害。独小王子部众十余万，东北直辽左，以不获通互市，数入寇。居正用李成梁镇辽，戚继光镇蓟门。成梁力战却敌，功多至封伯，而继光守备甚设。居正皆右之，边境晏然。两广督抚殷正茂、凌云翼等亦数破贼有功。浙江兵民再作乱，用张佳胤往抚即定，故世称居正知人。然持法严。瘳驿递，省冗官，清庠序，多所澄汰。公卿群吏不得乘传，与商旅无别。郎署以缺少，需次者辄不得补。大邑士子额隘，艰于进取。亦我怨之者。

……时帝渐备六宫，太仓银钱多所宣进。居正乃因户部进御览数目陈之，谓每岁入额不敷所出，请帝置坐隙时省览，量入为出，罢节浮费。疏上，留中。帝复令工部铸钱给用，居正以利不胜费止之。言官请停苏、松织造，不听。居正为面请，得损大半。复请停修武英殿工，及裁外戚迁官恩数，帝多曲从之。帝御文华殿，居正侍讲读毕，以给事中所上灾伤疏闻，因请振。复言："上爱民如子，而在外诸司营私背公，剥民罔上，宜痛钳以法。而皇上加意撙节，于宫中一切用度、服御、赏赉、布施，裁省禁止。"帝首肯之，有所蠲②贷。居正以江南贵豪怙势及诸奸猾吏民善逋赋，选大吏精悍者严行督责。赋以时输，国藏日益充，而豪猾率怨居正。

（《明史·张居正传》）

【注释】

①居正：即张居正，明代名臣、著名政治家。湖广江陵（今属湖北）人。隆庆元年（公元1567年）入阁，不久代高拱为首辅。万历初年，神宗年幼，国事均由他主持，前后当国10年，进行了许多改革，均有成效。有《张文忠公全集》。②蠲（juān）：免除。

【译文】

张居正执政的基本方针是：尊崇主权、考课吏职、信赏必罚、统一号令。即使远在万里之外，也必须朝令而夕便奉行。黔国公沐朝弼屡次犯法，当逮捕法办，朝廷大臣议论感到为难。张居正便把他的儿子提拔任用，又派人飞快前往逮捕沐朝弼，他不敢动弹。押到朝廷，请求宽免死罪，便把他押到南京监禁。漕粮运道开通之后，张居正认为每年运粮数额到了第二年春天还没有完成，遇到春雨水灾，或有溃决，或有河道干涸，运粮不顺利通畅，便采纳漕臣的建议，责令运粮士兵于每年十月开始兑运，到第二年年初即发运完毕，减少遭受水灾的损失。这样执行了一段时间，太仓粮食充足，可以支用十年。通过边界互市贸易，马匹增多了，便减少太仆寺所养的种马，而按一定价格从民间买马，太仆寺马政费用便节余了 400 多万。又制订考成法考核官吏治绩。开始，部院审核奏报抚按调查处理意见，往往扣压拖延而不上报。张居正命令按事情大小缓急规定期限，超过了期限而没有审批上报，当事者要判罪处罚。从此以后，这些官员都不敢文过饰非，延误公事，政治风气焕然一新。南京小宦官酒醉后侮辱给事中，许多人上言请求追查惩治。张居正把上言特别激切的赵参鲁贬出朝廷，以此取悦于宦官冯保，然后慢慢说服冯保遏制一下宦官的作为，不要干预六部行政事务。宦官奉旨出使，张居正派禁卫骑士暗中打探他们的行径。因此宦官一伙儿都怨恨张居正，内心不大顺从冯保。

张居正认为御史到了各省，往往凌辱抚臣，想严厉纠正。御史论事稍有不合意，张居正就加以责骂，又敕令作长期考察。

给事中徐懋学请求治政宽大为怀，张居正认为是讽刺自己，便削夺了他的官职。御史傅应祯继续上言，而且言语更加激烈。被逮捕投入诏狱，痛加杖打，然后流放到边疆当戍卒。给事中徐贞明等一群人拥入诏狱，看到囚犯都有粥食，也被逮捕而贬出朝廷。御史刘台巡按辽东，误传捷报。张居正准备援引成例章法对他进行督责处罚，刘台上奏章指责张居正专横独断，肆行不法，张居正愤怒至极。神宗皇帝特为张居正把刘台逮捕，投入诏狱，命人杖打一百，流放到边远地区当戍卒。张居正假装上疏救刘台，仅削夺他的官职。到后来，仍然把刘台流放戍边。由此，众给事中、御史更加畏惧张居正，内心都愤愤不平。

当时，太后因为皇帝年幼，对张居正尊敬礼遇备至，内阁中同僚吕调阳对张居正不敢有不同意见。及至吏部左侍郎张四维入阁，对张居正谦恭敬畏、谨小慎微，如同属吏，不敢以同僚自处。

张居正喜欢有所建树，能用智谋驾驭下属，人们都乐意为他尽力。俺答叩关塞友好往来，很长时间没有入侵为害。只有小王子部众10多万人，由东北直入辽东，因为没有获准互市贸易，多次入侵。张居正用李成梁镇守辽东，戚继光镇守蓟州镇。李成梁作战有方，打败了敌人，因很多战功，封为伯，而戚继光在蓟镇增加了很多守备设施。张居正也给予褒奖，边境于是安然无事。两广督抚殷正茂、凌云翼等人也多次破贼有功。浙江士兵、民众两次造反，派张佳胤前往安抚立即平定，所以当世都称赞张居正知人善任。然而持用法令特别严厉。整顿驿传，裁减多余闲官，禁毁天下书院，实行了许多改革。公卿大臣和一般官吏都不得乘传车，往来同商人旅客一样。郎署员额缺少，需要叙用的人也得不到机会任用。大都市士人学子因为科举名额太少，功名进取十分艰难。因此也有人埋怨。

……当时皇上后宫妃嫔逐渐增多，常常支用太仓银钱。张居正便通过户部向皇上呈报数目，并陈述每年入不敷出，请皇上把帐目放在御座旁时时省览，量入为出，制止浪费，节省开支。张居正上疏奏进，留在禁中，不作批示，也不议行。皇上又令工部铸钱以供用度，张居正认为获利比不上花费而没有办。言官奏请停罢苏州府、松江府织造，没有听从。张居正又面请皇上，批准减损大半。又奏请停止武英殿修建工程，裁减外戚恩赏迁官数目，皇上大多勉为依从。皇上驾临文华殿，张居正侍讲，读书完毕，将给事中关于受灾损失的上疏报告皇上，并请求赈灾。还说："皇上爱民如子，而在朝廷之外的各司损公肥私，盘剥下民，欺君罔上，应当依法严惩。同时皇上注意节省，宫中一切用度、服饰车马、赏赐、布施，分别进行裁减禁止。"皇上点头同意了，免除了一些赋税，并进行了一些救济。张居正因为江南豪族依仗权势不缴纳赋税，一些奸民恶吏投机取巧拖欠赋税，便挑选精悍能干的官员严加督责，赋税便按时缴纳了，国库日益富足，而豪族和奸民恶吏都怨恨张居正。

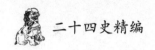

张居正死后祸发

初，帝所幸中官张诚见恶冯保斥于外，帝使密逿①保及居正。至是，诚复入，悉以两人交结恣横状闻，且谓其宝藏逾天府。帝心动。左右亦浸言保过恶，而（张）四维门人御史李植极论徐爵与保挟诈通奸诸罪。帝执保禁中，逮爵诏狱。谪保奉御居南京，尽籍其家银珠宝巨万计。帝疑居正多蓄，益心艳之。言官劾（王）篆、（曾）省吾并劾居正，篆、省吾俱得罪。新进者益务攻居正。诏夺上柱国、太师，再夺谥。居正诸所引用者，斥削殆尽。召还（吴）中行、（赵）用贤等，迁官有差。刘台赠官，还其产。御史羊可立复追论居正罪，指居正构辽庶人宪遴狱。庶人妃因上疏辩冤，且曰：“庶人金宝万计，悉入居正。”帝命司礼张诚及侍郎丘橓偕锦衣指挥、给事中籍居正家。诚等将至，荆州守令先期录人口，锢其门，子女多遁避空室中。比门启，饿死者十余辈。诚等尽发其诸子兄弟藏，得黄金万两，白金十余万两。其长子礼部主事敬修不胜刑，自诬服寄三十万金于省吾、篆及傅作舟等，寻自缢死。事闻，时行等与六卿大臣合疏，请少缓之；刑部尚书潘季驯疏尤激楚。诏留空宅一所、田十顷，赡其母。而御史丁此吕复追论科场事，谓高启愚以舜、禹命题，为居正策禅受。尚书杨巍等与相驳。此吕出外，启愚削籍。后言者复攻居正不已。诏尽削居正官秩，夺前所赐玺书、四代诰命，以罪状示天下，谓当剖棺戮尸而姑免之。其弟都指挥居易，子编修嗣修，俱发戍烟瘴地。

终万历世，无敢白居正者。熹宗②时，廷臣稍稍追述之。而邹元标为都御史，亦称居正。诏复故官，予葬祭。崇祯三年，礼部侍郎罗喻义等讼居正冤。帝令部议，复二荫及诰命。十三年，敬修孙同敞请复武荫，并复敬修官。帝授同敞中书舍人，而下部议敬修事。尚书李日宣等言："故辅居正，受遗辅政，事皇祖者十年。肩劳任怨，举废饬弛，弼成万历初年之治。其时中外乂安，海内殷阜，纪纲法度莫不修明。功在社稷，日久论定，人益追思。"帝可其奏，复敬修官。

（《明史·张居正传》）

【注释】

①逻（xiòng）：侦察；刺探。②熹宗：明熹宗朱由校，公元 1621—1627 年在位。

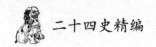

【译文】

当初，神宗皇帝所宠幸的宦官张诚与冯保交恶而被排挤出内宫，皇上便派他秘密刺探冯保和张居正行为。到现在，张诚重新进宫内，便把他们两人密切交往恣意横行的情况全部报告皇上，并且说他们的财宝库藏比天子府库还多。皇上被说动。左右近臣也不断有人讲冯保的过错和罪恶，特别是张四维的门人御史李植尖锐揭露了徐爵和冯保狼狈为奸欺蒙诈骗等罪行。皇上把冯保拘禁在宫中，把徐爵逮捕投入诏狱之中。把冯保贬往南京，抄没其家产金银珠宝数量巨大。皇上疑心张居正积蓄很多，心中更加妒羡。言官弹劾王篆、曾省吾并弹劾张居正，王篆、曾省吾都获罪。新进官员更是极力攻击张居正。下诏削夺张居正上柱国、太师勋号职位，又取消所赠谥号。张居正所提拔任用的人，几乎都排斥清除干净。召回吴中行、赵用贤等人，分别升迁了不同的官职。追赠刘台官号，归还其财产。御史羊可立又追论张居正罪状，指控张居正制造了辽庶人宪㸅冤案。庶人妃于是上疏伸冤，并且说："庶人的金银财宝数以万计，都被张居正侵吞。"皇上命司礼张诚及侍郎丘橓偕同锦衣卫指挥、给事中抄没张居正家产。张诚等人快要到江陵，荆州守令预先籍录张居正全家人口，封了宅门，子女多躲避到空房中。待张诚等人到了时开启宅门，里面饿死的有十余人。张诚等人全部抄出张居正几个儿子和兄弟的家财，得到黄金一万两，白金十余万两。张居正长子礼部主事张敬修受不了酷刑，假称有三十万两黄金寄放在曾省吾、王篆及傅作舟那里，随即上吊自杀。消息传到朝廷，申时行等与六卿大臣联合上疏，请求稍微宽缓些；刑部尚书潘季驯上疏尤为愤激哀苦。下诏留下一所空房宅，40顷田地，以赡养张居正的母亲。而御史丁此吕又追劾科举考场之事，说高启愚以舜、禹命题，为张居正禅受皇位造舆论。尚书杨巍等人对他进行了驳斥。丁此吕被外放，高启愚被削职为民。后来言官仍无休止地攻击张居正。下诏完全削夺张居正官秩，夺回以前所赐玺书及四代诰命，把罪状公布天下，并说本应开棺戮尸姑且宽免。张居正的弟弟都指挥张居易，儿子编修张嗣修都流放到边远荒蛮之地戍边。

　　整个万历年间，没有人敢为张居正辩白。直到熹宗天启时，朝廷大臣才逐渐追述张居正的功绩。邹元标担任都御史，特别称赞张居正。熹宗下诏恢复张居正原来的官职，并重新安葬赠给祭仪。崇祯三年，礼部侍郎罗喻义等人上疏为张居正辩冤。皇上令部议，恢复文荫、武荫及诰命。十三年，张敬修的孙子张同敞请求恢复武荫，并恢复张敬修官职。皇上授任张同敞为中书舍人，而把张敬修复官事交给部臣讨论。尚书李日宣等说："故首辅张居正，受穆宗皇帝遗诏辅政，事皇祖神宗皇帝十年时间。肩负国家重担，任劳任怨，改革整顿，助成万历初年之治，当时朝廷内外都得到治理，平安稳定，人民富足，法令制度严格清明。张居正对国家有功，时间久了人们的认识更深切，

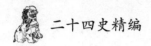

也更加怀念。"皇上同意了李日宣等人的奏请，恢复张敬修的官职。

群臣共谋诛"八党"

（刘）健①等遂谋去"八党"②，连章请诛之。言官亦交论群阉罪状，健及（谢）迁、（李）东阳持其章甚力。帝遣司礼诣阁曰："朕且改矣，其为朕曲赦若曹。"健等言："此皆得罪祖宗，非陛下所得赦。"复上言曰："人君之于小人，不知而误用，天下尚望其知而去之。知而不去则小人愈肆，君子愈危，不至于乱亡不已。且邪正不并立，今举朝欲决去此数人，陛下又知其罪而故留之左右，非特朝臣疑惧，此数人亦不自安。上下相猜，中外不协，祸乱之机始此矣。"不听，健等以去就争。瑾等八人窘甚，相对涕泣。而尚书韩文等疏复入，于是帝命司礼王岳等诣阁议，一日三至，欲安置瑾等南京。迁欲遂诛之，健推案哭曰："先帝临崩，执老臣手，付以大事。今陵土未干，使若辈败坏至此，臣死何面目见先帝！"声色俱厉。岳素刚正疾邪，慨然曰："阁议是。"其侪范亨、徐智等亦以为然。是夜，八人益急，环泣帝前。帝怒，立收岳等下诏狱，而健等不知，方倚岳内应。明日，韩文倡九卿伏阙固争，健逆谓曰："事且济，公等第坚持。"顷之，事大变，八人皆宥不问，而瑾掌司礼。健、迁遂乞致仕，赐敕给驿归，月廪、岁夫如故事。

健去，瑾憾不已。明年③三月辛未诏列五十三人为奸党，榜示朝堂，以健为首。又二年削籍为民，追夺诰命。瑾诛，复官，致仕。

（《明史·刘健传》）

【注释】

①刘健：明大臣。孝宗即位初入内阁，弘治十一年（公元1498年）为首辅。②八党：明武宗时，宦官刘瑾、马永成、谷大用、魏彬、张永、丘聚、高凤、罗祥等八人专权用事，时称之为"八党"。③明年：明武宗正德六年，公元1511年。

【译文】

刘健等于是合谋清除"八党"，接连上奏章请诛杀他们。言官也纷纷弹劾这些宦官的罪状，刘健及谢迁、李东阳极力主张诛杀"八党"。武宗派司礼监太监到内阁传达谕旨："朕会有所改正，请为朕姑且赦免他们吧。"刘健等上奏说："这伙人都是得罪了祖宗，不是陛下能够赦免的。"接着又上奏说："国君对于小人，不了解而误用，天下人还希望国君能够了解而斥退小人。了解后而不斥退，那末小人就更加放肆，君就更加危险，他们为非作歹非导致祸乱败亡不可。况且正邪不两立，现在举朝大臣都要求坚决铲除这几个人，陛下又知道他们的罪恶而却要把他们留在身边，不仅朝廷大臣们心存疑惧，就是这几个人自己也惴惴不安。像这样君臣上下互相猜疑，朝廷内外不同心协力，祸乱的苗头就由此萌生了。"武宗并不听从，刘健等人仍据理力争，表示不清除"八党"，众人就辞职。刘瑾等8人十分窘急，聚在一起哭哭啼啼。这时尚书韩文奏疏呈进，于是武宗命司礼监王岳等人到内阁商议，一天来三趟，想把刘瑾等人安置到南京。谢迁主张把刘瑾等人立即处死，刘健一把推倒书案，哭着说："先帝临崩之时，握住老臣的手，托付国家大事。现在先帝陵墓土尚未干，朝政国事就让这帮家伙败坏到如此地步，臣死后有何面目去见先帝啊！"他悲愤激昂，声泪俱下。王岳平素也刚毅正直，痛恨奸邪，感慨地说："内阁的意见是对的。"他的同伴范亨、徐智等人也表示赞同。这天夜里，刘瑾等八人更是着急，都围在武宗身边哭泣哀诉。武宗大怒，立即把王岳等人逮捕，投入诏狱之中，而刘健等人不知道这一情况，还等着王岳作内应。第二天，韩文发动九卿大臣准备上朝力争，刘健迎面拦住他们说："事情快要成功，各位暂且等待一下。"不一会儿，事情突然大变，刘瑾等八人都予以宽免，不予问罪，而由刘瑾掌管司礼监。刘健、谢迁于是请求退休，诏令赐给敕书，派驿车送两人回乡，每月粮食、每年仆役的供

给如旧。

　　刘健走了，刘瑾还遗恨不已。第二年三月颁发辛未诏书，列 53 人为奸党，名单张榜公布，贴于朝堂之上，刘健姓名列于 53 人之首。又过了两年，将刘健削除官籍，贬为庶民，并追夺诏赐诰命。刘瑾被诛，刘健恢复了原职，后来退休。

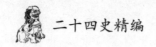

御 人

黄孔昭之事

成化①五年，文选郎中②陈云等为吏所讦③，尽下狱贬官，尚书姚夔知孔照廉，调之文选。九年进郎中。故事，选郎率闭门谢客。孔照曰："国家用才，犹富家积粟。粟不素积，岂足赡饥；才不预储，安能济用？苟以深居绝客为高，何由知天下才俊。"公退，遇客至，辄延见，访以人才，书之于册。除官，以其才高下配地繁简。由是铨叙平允。其以私干者，悉拒之。尝与尚书尹旻争，至推案盛怒。孔昭拱立，俟其怒止，复言之。旻亦信谅直。旻昵通政④谈伦，欲用为侍郎，孔昭执不可。旻卒用之，伦果败。旻欲推故人为巡抚，孔昭不应。其人入都谒孔昭，至屈膝。孔昭益鄙之。旻令推举，孔昭曰："彼所少者，大臣体耳。"旻谓其人曰："黄君不离铨曹，汝不能迁也。"

为郎中满九载，始擢右通政。久之，迁南京工部右侍郎。有官地十余区为势家所侵，奏复之。奉诏荐举方面，以知府樊莹、佥事章懋应。后皆为名臣。郎官主藏⑤者以羡银数千进，斥退之。掘地得古鼎，急命工镌文庙二字，送之庙中。俄中贵欲献诸朝，见镌字而止。

（《明史·黄孔昭传》）

【注释】

①成化：明宪宗年号。②文选郎中：吏部下属机构文选司主官，掌官吏班秩迁升、改调之事。③讦（jié）：攻击；揭发。④通政：指通政使，掌通章奏。⑤藏（zàng）：贮藏财物的仓库。

【译文】

成化五年，文选郎中陈云等人被属吏揭发，都被罢官入狱。吏部尚书深知黄孔昭廉洁，把他调到文选司，九年提升为郎中。按照惯例，文选郎中大多闭门谢客。黄孔昭说："国家选用人才，好比富足人家蓄积粮食。粮食如果不平常蓄积，饥荒时怎么能够接济？人才不预先储备，用人时怎么能满足需要呢？如果闭门谢客，那从哪里了解发现天下的人才俊杰呢！"由官府回到家中，遇有来客，黄孔昭都以礼相待，并留意寻访人才，随时记住。在除授官职时，依据才能的高下分别派往难于治理的地方和容易治理的地方任职。因此选拔任用公平合理。如果有人以私利求请，都予以拒绝。有一次与吏部尚书尹旻争论，惹得尹旻大怒，顺手推翻了桌子。黄孔昭垂手站立，等他息怒了，接着又陈述自己的观点。尹旻也相信黄孔昭诚信正直。尹旻和通政使谈伦关系亲密，想任用他为吏部侍郎，黄孔昭坚持认为不可以。尹旻还是用了谈伦，后来谈伦果然垮台。尹旻想推荐老朋友担任巡抚，黄孔昭不同意。这个人进京拜谒黄孔昭，直至双膝跪下求情。黄孔昭更加鄙视他。尹旻命令推举，黄孔昭说："他所缺少的，正是大臣的体统。"尹旻只好对这个人说："黄君不离开选曹，你是得不到升迁的了。"

黄孔昭担任文选郎中满了 9 年时间，才升为右通政。又过了好久，调任南京工部右侍郎。有 10 多处官地被权门大户侵占，黄孔昭奏请，全部收回了这些官地。奉诏命荐举方面大臣，黄孔昭荐举了知府樊莹、佥事章懋，两人后来都成为名臣。主管银库的郎官把几千两盈余的银子进奉给黄孔昭，结果被呵斥而退出。有人挖地挖出了一只古鼎，黄孔昭马上命工匠刻上"文庙"二字，把古鼎送到文庙中。不多久宦官权贵想把古鼎进献朝廷，看见古鼎刻有"文庙"二字才算了。

末代朝中庸才多

张四知者，费县①人。天启二年进士。由庶吉士授检讨。崇祯中，历官礼部右侍郎。貌寝甚，尝患恶疡。十一年六月，廷推阁臣忽及之。给事中张淳劾其为祭酒时贪污状，四知愤，帝前力辩，言已孤立，为廷臣所嫉。帝意颇动，薛国观因力援之。明年五月与姚明恭、魏照乘俱拜礼部尚书兼东阁大学士。

明恭，蕲水②人。出赵兴邦门下，公论素不予。崇祯十一年由詹事迁礼部侍郎，教习庶吉士。给事中耿始然劾其与副都御史袁鲸比而为奸利，帝不听。明年遂柄用。

照乘，滑③人。天启时，为吏部都给事中。崇祯十一年历官兵部侍郎。明年，国观引入阁。

三人者，皆庸劣充位而已。四知加太子太保，进吏部尚书、武英殿。明恭加太子太保，进户部尚书、文渊阁。照乘加太子少傅，进户部尚书、文渊阁。帝自即位，务抑言官，不欲以其言斥免大臣。弹章愈多，位愈固。四知秉政四载，为给事中马嘉植、御史郑昆贞、曹溶等所劾，帝皆不纳。十五年六月始致仕。照乘亦四载。御史杨仁愿、徐殿臣、刘之勃相继论劾，引疾去。明恭甫一载，乡人诣阙讼之，请告归。

（《明史·张四知传》）

【注释】

①费县：在今山东省。②蕲水：县名。即今湖北浠水县。③滑：滑县，在今河南省。

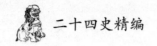

【译文】

张四知,费县人。天启二年考取进士。由庶吉士授任检讨。崇祯年间,历官礼部右侍郎。形貌丑陋,曾体生恶疮。天启十一年六月,廷臣公推阁臣,忽然推举了他。给事中张淳劾奏说他担任祭酒时有贪污情况,张四知气愤,向皇上极力辩解,说自己孤立无援,被廷臣所嫉妒。皇上被他说动了心,薛国观乘机极力援救他。第二年五月张四知与姚明恭、魏照乘都拜授为礼部尚书兼东阁大学士。

姚明恭,蕲水县人。出自赵兴邦门下,名声向来不好。崇祯十一年由詹事升任礼部侍郎,教习庶吉士。给事中耿始然劾奏他与副都御史袁鲸相互勾结大为奸利,皇上不听。第二年便入阁受到重用。

魏照乘,滑县人。天启年间,任吏部都给事中。崇祯十一年历官兵部侍郎。第二年,由薛国观引荐进入内阁。

这三个人,都不过是庸劣充位罢了。张四知加太子太保,进吏部尚书、武英殿大学士。姚明恭加太子太保,进户部尚书、文渊阁大学士。魏照乘加太子太傅,进户部尚书、文渊阁大学士。皇上即位之后,极力贬抑言官,不想依照言官弹劾来罢免大臣。大臣受弹劾越多,官位越稳固。张四知执掌朝政4年,受到给事中马嘉植、御史郑昆贞、曹溶等人弹劾,皇上都不听从他们的意见。十五年六月张四知才退休。魏照乘也是执掌朝政 4 年，御史杨仁愿、徐殿臣、刘之勃相继弹劾他，他才以有病辞职而去。姚明恭执掌朝政只一年，家乡有人上朝告他的状，他才请假回乡。

崇祯试臣

（崇祯）十一年六月，帝将增置阁臣，出御中极殿，召廷臣七十余人亲试之。发策言："年来天灾频仍，今夏旱益甚，金星昼见五旬，四月山西大雪。朝廷腹心耳目臣，务避嫌怨。有司举劾，情贿关其心。刻期平贼无功，而剿兵难撤。外敌生心，边饷日绌。民贫既甚，正供犹艰。有司侵削百方，如火益热。若何处置得宜，禁戢有法，卿等悉心以对。"会天大雨，诸臣面对后，漏已深，终考者止三十七人。顾帝意已前定，特假是为名耳。居数日，改国祥礼部尚书，与杨嗣昌、方逢年、蔡国用、范复粹俱兼东阁大学士，入参机务。时刘宇亮为首辅，傅冠、薛国观次之，又骤增国祥等五人。国观、嗣昌最用事。国祥委蛇①其间，自守而已。明年四月召对，无一言。帝传谕责国祥缄默，大负委任。国祥遂乞休去。

（《明史·程国祥传》）

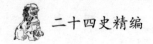

【注释】

①委蛇（wēi yí）：随便应付。

【译文】

崇祯十一年六月，皇上打算增置阁臣，移驾中极殿，召集了朝臣70多人亲自策试。皇上出的策题说："近年来天灾接连不断，今年夏天干旱更加严重，金星白天出现接连有50天，四月山西降大雪。朝廷心腹耳目之臣，都只求避开嫌疑。有关机构举发劾奏，人情贿赂又从中打通关节。派军队限期讨平贼寇却不见成功，派出的军队又难于撤回。外敌屡欲侵犯，军饷日渐不足。人民贫困至极，基本的生活很难保证。官府千方百计搜刮掠夺，人民处在水深火热之中。如何令行禁止、处置得宜，卿等细心回答。"不巧天下大雨，众臣当面回答以后，夜已深，参加完考试的只剩37人。不过增选的阁臣皇上心中早已确定，只是借策试为名罢了。过了几天，改授程国祥礼部尚书，与杨嗣昌、方逢年、蔡国用、范复粹一起都兼东阁大学士，入阁参预机务。当时刘宇亮为首辅，傅冠、薛国观为次，又一下增加了程国祥等5人为阁臣。这些阁臣当中薛国观、杨嗣昌最专权用事。程国祥在其中随便应付，自保其身而已。第二年四月皇上召见程国祥，要他面奏答问，他竟一言不发。皇上传下谕旨责备程闭口沉默，辜负了阁臣重任。程国祥无奈请求辞职而去。

法　制

茹太素二三事

　　茹太素，泽州①人。洪武三年乡举，上书称旨，授监察御史。六年擢四川按察使②，以平允称。七年五月召为刑部侍郎，上言：“自中书省内外百司，听御史、按察使检举，而御史台未有定考，宜令守院御史一体察核。磨勘司官吏数少，难以检核天下钱粮，请增置若干员，各分为科。在外省卫，凡会议军民事，各不相合，致稽廷，请用按察司一员纠正。”帝皆从之。明年，坐累降刑部主事，陈时务累万言。太祖令中书郎王敏诵而听之。中言才能之士，数年来幸存者百无一二，今所任率迁儒俗吏。言多忤触。帝怒，召太素面诘③，杖于朝。次夕，复于宫中令人诵得其可行者四事，慨然曰：“为君难，为臣不易。朕所以求直言，欲其切于情事。文词太多，便至荧听。太素所陈，五百余言可尽耳。”

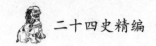

因令中书定奏对式，俾陈得失者无繁文。摘太素疏中可行者下所司，帝自序其首，颁示中外。

（《明史·茹太素传》）

【注释】

①泽州：治所在今山西省晋城县。②按察使：官名，明初为各省提刑按察使司的长官，主管一省的司法。③诘（jié）：诘问，即责问。

【译文】

茹太素，是泽州人。洪武三年乡举，上书很合皇上之意，授任监察御史。洪武六年升任四川按察使，执法以平正允当著称。七年五月召进京任刑部侍郎，上奏说："自中书省到中央地方各官吏机构，都由御史、按察使检举举劾，而御史台没有定期考核，宜令守院御史统一考核。磨勘司官吏人数少，难以检查核实天下钱粮，请求增设若干员额，分为各科理事。各行省卫所，每当一起商议民政军务，意见不统一，以致许多事搁置拖延，请用按察司一位官员从中协调纠正。"太祖对这些建议予以接受。第二年，因事牵连降任刑部主事，有一次上书陈述时务上万字。太祖命中书郎王敏读给自己听。上书中说，有才学能力之士，近几年来侥幸留下来的一百个中没有一两个，现在所任用的大多是迂儒俗吏。上书中的话大多刺耳。太祖还

未听完就勃然大怒，命人把茹太素叫来当面责问，并在朝廷上痛打了一顿。第二天晚上，又在宫中叫人读给他听，才听到了上书中的主题，建议了四件事，太祖慨然而叹，说："做国君难，做臣子不容易。朕要求直言进谏，就是要直截了当，切于情事。文词太多，听起来不得要领。茹太素所陈述的意见，五百多字就可以说清楚。"于是命中书省规定进言的要求，使批评政事得失提建议的人不要文字缢嗦。并摘录茹太素上书中可行的建议批转有关部门付诸施行，太祖还在批件前面亲自写了一篇序，颁发全国，让大家都明白。

书生之言不可不信

陈瓒，字廷遗，常熟人。嘉靖三十五年进士。授江西永丰知县。治最，擢刑科给事中。劾罢严嵩党祭酒王才、谕德唐汝楫。迁左给事中。劾文选郎南轩，请录建言废斥者。帝震怒，杖六十除名。……初，瓒为（高）拱所恶被斥，及张居正柄政亦恶之，不召。居正死，始以荐起会稽县丞。其后官侍郎。稽勋郎顾宪成①疏论时弊谪官，瓒责大学士王锡爵曰："宪成疏最公，何以得谴？"锡爵曰："彼执书生之言，徇道旁之口，安知吾辈苦心！"瓒曰："恐书生之言当信，道旁之口当察，

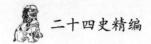

宪成苦心亦不可不知也。"锡爵默然。

（《明史·陈瓒传》）

【注释】

①顾宪成：明政治家。字叔时，世称东林先生。以耿直著称。革职还乡后，与弟顾允成和高攀龙等在东林书院讲学，他们议论朝政人物，受到士大夫支持，形成清流集团，被称为东林党。

【译文】

陈瓒，字廷遗（guàn），常熟县人。嘉靖三十五年录取进士。授任江西永丰知县。治绩考核获第一，提拔为刑科给事中。弹劾严嵩党羽祭酒王才、谕德唐汝楫，把他们撤了职。升为左给事中。又弹劾文选郎南轩，并奏请重新录用直言进谏而被撤职被流放的人，世宗皇帝雷霆大怒，把陈瓒杖打六十，免官除名。……当初，陈瓒为高拱所厌恶而被排斥，等到张居正主持国政也讨厌他，不被召用。张居正死后，才通过别人荐举起用为会稽县丞，之后任侍郎。稽勋郎顾宪成上疏批评时政弊端被贬谪，陈瓒指责大学士王锡爵说："顾宪成上疏所言颇为公正，为什么遭贬谪？"王锡爵说："他偏执书生之言，顺从道旁之口，哪里知道我们的苦心！"陈瓒针锋相对，说："恐怕书生之言应当相信，道旁之口应当详察，顾宪成为国为民的苦心也不可不知啊！"王锡爵无言以对。

大声秀才屡降屡升

陈谔，字克忠，番禺①人。永乐中，以乡举入太学，授刑科给事中②。遇事刚果，弹劾无所避。每奏事，大声如钟。帝令饿之数日，奏对如故。曰："是天性也。"每见，呼为"大声秀才"。尝言事忤旨，命坎瘗③奉天门，露其首。七日不死，赦出还职。已，复忤旨，罚修象房。贫不能雇役，躬自操作。适驾至，问为谁。谔匍匐前，具道所以。帝怜之，命复官。

（《明史·陈谔传》）

【注释】

①番（pān）禺：县名，治所在今广东广州市。②刑科给事中：官名。明六科给事中之一。辅助皇帝处理有关刑法方面的奏章，稽察驳正刑部之违误。有建言及进谏之责。③瘗（yì）：埋；埋葬。

【译文】

陈谔，字克忠，番禺县人。永乐年间，由乡举进入太学，后授任刑科给事中。遇事刚毅果决，弹劾违法大臣不回护、无

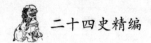

忌讳。每次上言奏事，声音朗朗有如洪钟。皇帝要他不吃饭，饿过几天之后，上朝奏事对答仍旧大声朗朗。皇帝赞叹说："这真是天性啊！"每当进见，称呼他为"大声秀才"。有一次陈谔上奏言事，冒犯龙颜，皇帝大怒，命人在奉天门挖土坑把他活埋，只把脑袋露在外面，埋了7天7夜竟然不死，于是予以赦免，从土坑中挖出来后官复原职。后来，他又一次冒犯龙颜，被罚劳役修建象房。陈谔两袖清风，没有钱雇人代役，便亲自服役做苦工。适逢皇帝驾临象房，问那个做苦工的人是谁。陈谔拜伏在地，向皇帝诉说根由。皇帝怜惜他耿直清廉，再次诏命官复原职。

军　事

朱元璋取天下之略

帝（朱元璋）……尝与诸臣论取天下之略，曰："朕遭时丧乱，初起乡土，本图自全。及渡江以来，观群雄所为，徒为生民之患，而张士诚、陈友谅尤为巨蠹。士诚恃富，友谅恃强，朕独无所恃。惟不嗜杀人，布信义，行节俭，与卿等同心共济。初与二寇相持，士诚尤逼近，或谓宜先击之。朕以友谅志骄，士诚器小，志骄则好生事，器小则无远图，故先攻友谅。鄱阳之役，士诚卒不能出姑苏一步以为之援。向使先攻士诚，浙西负固坚守，友谅必空国而来，吾腹背受敌矣。二寇既除，北定中原，所以先山东①、次河洛，止潼关之兵不遽②取秦、陇者，盖扩廓帖木儿、李思齐、张思道皆百战之余，未肯遽下，急之则并力一隅，猝未易定，故出其不意，反旆③而北。燕都④既举，然后西征。张、

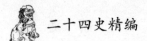

李望绝势穷，不战而克，然扩廓犹力抗不屈。向令未下燕都，骤与角力，胜负未可知也。"

（《明史·太祖本纪》）

【注释】

①山东：古代指崤山（今属河南）以东为山东。②遽（jù）：匆忙；急。③旆（pèi）：泛指旌旗。④燕都：今北京市。

【译文】

洪武皇帝……曾和大臣们一起讨论夺取天下的方略，说："我遭逢天下大乱，开始从家乡起兵，原曾想保全自己。及至渡江之后，看到群雄割据，为所欲为，成为百姓的灾难，而张士诚、陈友谅尤其是大祸害。张士诚自恃富有，陈友谅自恃强大，我一无所靠。只是不嗜杀戮，讲求信义，厉行节俭，与大家和衷共济。当初与二贼相持，张士诚势力尤为逼近，有人建议应先攻击张士诚。我认为陈友谅志意骄纵，张士诚器量狭小，志意骄纵则好生事端，器量狭小则没深谋远虑，所以决定先攻击陈友谅。鄱阳湖战役之中，张士诚最终没有出姑苏一步援助陈友谅。倘若先攻击张士诚，他在浙西固城坚守，陈友谅必定倾巢出动，我就要腹背受敌。后来二贼都被灭，挥师出伐，收复中原，用兵方略是先山东地区，再河、洛一带，在潼关驻兵不进，不急于攻取秦、陇地区，主要原因是，扩廓帖木儿、李思齐、张思道等人都身经百战，断不肯投降，情急之下就会同心协力，负隅顽抗，急攻不容易取胜，所以我军出其不意，挥师北上，攻克燕都之后，然后西征。这时张思道、李思齐希望断绝，势单力穷，我们不战而克，然而扩廓帖木儿仍拼力顽抗，没有屈服。假如我们不先攻下燕都，骤然与扩廓帖木儿等人较量，我们是胜是败还很难预料啊。"

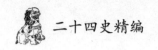

理　财

兴都三十六庄

兴都①庄地八千三百顷，中官夺民田，复增八百顷，立三十六庄。帝从抚按奏，属有司征租，还兼并者于民。中官张尧为清，又许之。（魏）时亮②极谏，不纳。

（《明史·魏时亮传》）

【注释】

①兴都：明世宗置承天府，称为兴都，治所在今湖北钟祥县。②魏时亮：明世宗时大臣。时任户科给事中。

【译文】

兴都田庄有土地 8300 顷，宦官强占民田，又增加了 800 顷，建立 36 处田庄。世宗皇帝听从抚按官员的奏请，要求官府机构征收田租，把兼并强占的民田归还给农民。宦官张尧向皇

上请求，皇上又同意了宦官的要求。魏时亮极力劝谏，皇上不采纳。

北人种稻

（左光斗）出理屯田，言："北人不知水利，一年而地荒，二年而民徙，三年而地与民尽矣。今欲使旱不为灾，涝不为害，惟有兴水利一法。"因条上三因十四议：曰因天之时，因地之利，因人之情；曰议浚川，议疏渠，议引流，议设坝，议建闸，议设陂，议相地，议筑塘，议招徕，议择人，议择将，议兵屯，议力田设科，议富民拜爵。其法犁然具备，诏悉允行。水利大兴，北人始知艺稻。邹元标尝曰："三十年前，都人不知稻草何物，今所在皆稻，种水田利也。"

（《明史·左光斗传》）

【译文】

左光斗受命管理屯田事务，他上奏说："北人不知道兴修水利，地种一年就荒芜了，两年以后人民就迁徙了，三年以后这个地方的土地和人民就都没有了。如今要想做到天旱不成灾，雨涝不为害，只有兴修水利一法。"随即列举陈述了三因十四议：三因是因天时、因地利、因人情；十四议是议治理河流，议疏通沟渠，议引水，议设坝，议建闸，议设圩岸，议考察地形，议筑塘，议诏徕种田者，议择人，议择将，议兵屯，议力田设科，议富民拜爵。他建议的方法清清楚楚，全面具体，下诏完全批准付诸实行。于是大兴水利，北人从此懂得了种植水稻。邹元标曾说："30 年以前，都城的人不知道水稻是什么东西，现在到处都种了水稻，种水田获得了好处。"

汤显祖遭贬只因直言

汤显祖，字若士，临川人。少善属文，有时名。张居正欲其子及第，罗海内名士以张之，闻显祖及沈懋学①名，命诸子延致。显祖谢弗往，懋学遂与居正子嗣修皆及第。显祖至万历十一年始成进士。授南京太常博士，就迁礼部主事。

十八年，帝以星变严责言官欺蔽，并停俸一年。显祖上言曰："言官岂尽不肖，盖陛下威福之柄潜为辅臣所窃，故言官向背之情，亦为默移。御史丁此吕首发科场欺蔽，申时行属杨巍劾去之。御史万国钦，极论封疆欺蔽，时行讽同官许国远谪之。一言相侵，无不出之于外。于是无耻之徒，但知自结于执政。所得爵禄，直以为执政与之。纵他日不保身名，而今日固已富贵矣。给事中杨文举奉诏理荒政，征贿钜万。抵杭，日宴西湖，鬻狱市荐以渔厚利。辅臣乃及其报命，擢首谏垣。给事中胡汝宁攻击饶伸，不过权门鹰犬，以其私人，猥见任用。夫陛下方责言官欺蔽，而辅臣欺蔽自如。失今不治，臣谓陛下可惜者四：朝廷以爵禄植善类，今直为私门蔓桃李，是爵禄可惜也；群臣风靡，罔识廉耻，是人才可惜也；辅臣不越例予人富贵，不见为恩，是成宪可惜也；陛下御天下二十年，前十年之政，张居正刚而多欲，以群私人，嚣然坏之。后十年之政，时行柔而多欲，以群私人，靡然坏之。此圣政可惜也。乞立斥文举、汝宁，诚谕辅臣，省愆悔过。"帝怒，谪^②徐闻典。稍^③迁遂昌知县。二十六年上计京师，投劾归。又明年大计，主者议黜之。李维桢为监司，力争不得，竟夺官。家居二十年卒。

显祖意气慷概，善李化龙、李三才、梅国桢。后皆通显有建竖，而显祖蹭蹬穷老。三才督漕淮上，遣书迎之，谢不往。

（《明史·汤显祖传》）

【注释】

①沈懋学：宜城（今湖北宜城县）人。万历进士第一，授

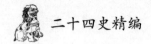

修撰。②谪：贬职。③稍：慢慢地。

【译文】

　　汤显祖，字若士，临川县人。少年时就擅长撰著文章，很有名气。张居正想使自己的儿子考中进士，便收罗全国名士以扩大他的名声。听说汤显祖及沈懋学闻名当世，便命令他的儿子们邀请汤显祖和沈懋学。汤显祖婉言谢绝，没有前往，沈懋学结果与张居正之子张嗣修都考中进士。汤显祖至万历十一年才考中进士。授任南京太常博士，随即迁为礼部主事。

　　万历十八年，神宗皇帝因星象急变，严斥谏官欺骗蒙蔽，并罚停俸一年。汤显祖上奏说："谏官难道都不称职，而是陛下的权柄暗中被辅政大臣所篡夺，所以谏官拥护什么反对什么，在无声无息中发生了改变。御史丁此吕首先揭发科举考试中的欺骗蒙蔽，大学士申时行嘱咐杨巍弹劾他使他离去。御史万国钦极论各省长官欺骗蒙蔽，申时行暗示同职官员许国把他贬谪到远方。一句话冒犯他们，无不被排斥在外面。这样一些无耻之徒，只顾自己巴结执政者。他们所得到的爵位俸禄，便认为是执政者给他们的。即使他日难保自身名望，而今天就已享受了荣华富贵。给事中杨文举奉诏命料理救济灾荒，索贿万万之多。到达杭州，成天在西湖宴饮，进行狱讼贿赂、买卖官爵，以谋取厚利。辅臣便趁他回京复命，提升为谏院的长官。给事中胡汝宁攻击饶伸，他不过是权门的爪牙而已，因为私人关系滥被任用。陛下正在斥责谏官欺骗蒙蔽，而辅政大臣欺骗蒙蔽依然如故。如果现在不惩治，臣认为替陛下可惜的有四个方面：朝廷用爵禄培养公正廉洁的官吏，现在却为私人培植了爪牙，这是爵禄浪费可惜；群臣随风而倒，不知廉耻，这是人才败坏可惜；辅臣不破例给人富贵，便觉显不出他们的恩惠，这是好规矩被糟踏可惜；陛下统治天下20年，前10年，张居正刚愎自用，兴废颇多，借以拉拢私党，猖狂地破坏了国政。后10年，申时行阴柔而贪得无厌，逐渐地败坏了国政。这是国政破坏可惜。请立即斥罢杨文举、胡汝宁，警告劝谕辅政大臣，要他们检查反省错误。"神宗皇帝大怒，把汤显祖贬为徐闻县典史。后来迁为遂昌县知县。二十六年到京师上报计簿，递交辞呈辞职回家。第二年考核全国地方官，主持考核的人提议免除汤显祖的官职。李维祯任监察长官，为汤显祖力争而没有结果，最终还是削除了官职。汤显祖在家中生活了20年去世。

汤显祖为人耿直，慷慨大度，同李化龙、李三才，梅国祯交情很深。后来这3个人都仕宦通达事业有成就，而汤显祖屡遭挫折穷困而终。李三才到淮河上督理漕运粮食，写信请汤显祖会见，汤显祖谢绝。

军无饷银　宦官放债

曹珖，字用韦，益都人。万历二十九年进士。授户

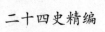二十四史精编

部主事，督皇城四门。仓卫军贷群珰①子钱，偿以月饷，军不支饷者三年。及饷期，群珰抱券至，珫命减息，珰大哗。珫曰："并私券奏闻，听上处分耳。"群珰请如命，军困稍苏。

（《明史·曹珫传》）

【注释】

①珰：宦官的代称。

【译文】

曹珫，字用韦，益都县人。万历二十九年考取进士。授任户部主事，督掌皇城四门。仓卫军向宦官们借高利贷，却用每月的军饷偿还，仓卫军有 3 年没有发饷。到发饷之期，宦官们抱着一大堆债券来了，曹珫命他们减息，宦官们大吵大闹。曹珫便说："我把你们私自放债的债券一起奏报皇上，听从皇上处置吧。"宦官们赶忙请求听从曹珫的命令减息，仓卫军的困难于是稍稍缓解了些。

德 操

宫婢谋弑

（嘉靖）二十一年，宫婢杨金英等谋弑逆，帝赖后[1]救得免，乃进后父泰和伯锐爵为侯。初，曹妃有色，帝爱之，册为端妃。是夕，帝宿端妃宫。金英等伺帝熟寝，以组缢帝项，误为死结，得不绝。同事张金莲知事不就，走告后。后驰至，解组[2]，帝苏。后命内监张佐等捕宫人杂治，言金英等弑逆，王宁嫔首谋。又曰，曹端妃虽不与，亦知谋。时帝病悸不能言，后传帝命收端妃、宁嫔及金英等悉磔于市，并诛其族属十余人，然妃实不知也。

（《明史·后妃传二》）

【注释】

①后：孝烈方皇后，明世宗第三后，江宁人。②组：丝带。

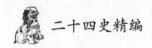

【译文】

　　嘉靖二十一年，宫婢杨金英等谋杀世宗皇帝，皇帝依靠方皇后抢救而免一死，因此进升方皇后父亲泰和伯方锐爵位为侯。开始，曹妃颇有姿色，皇帝喜爱她，册立为端妃。当天晚上，皇帝就在端妃宫中就寝。杨金英等人一直注视着皇帝的行止，等皇帝睡熟了，大家一齐动手，用宽丝带子勒皇帝脖子，慌乱中丝带打成了死结，皇帝没有断气。其中张金莲明白事情不能成功，便跑出来报告了方皇后。方皇后飞快赶来，解下了丝带，皇帝苏醒过来了。方皇后命内监张佐等逮捕宫女审讯，有宫女说杨金英等谋杀皇上，王宁嫔是首谋。又有宫女说曹端妃尽管没有参与谋杀，也知道预谋。这时皇上受了惊吓发呆了，说不出话，方皇后传皇帝诏命逮捕曹端妃、王宁嫔及杨金英等人，在闹市处以车裂极刑，并处死她们的宗族亲属 10 多人，然而端妃其实上并不知道预谋。

东林党讲学议政

　　（顾）宪成①姿性绝人，幼即有志圣学。暨削籍里居，益覃精研究，力辟王守仁"无善无恶心之体"之说。邑故有东林书院，宋杨时讲道处也，宪成与弟允成俱修之，常州知府欧阳东凤与无锡知县林宰为之营构。

落成，偕同志高攀龙、钱一本、薛敷教、史孟麟、于孔兼辈讲学其中，学者称泾阳先生。当是时，士大夫抱道忤时者，率退处林野，闻风响附，学舍至不能容。宪成尝曰："官辇毂，志不在君父，官封疆，志不在民生，居水边林下，志不在世道，君子无取焉。"故其讲习之余，往往讽议朝政，裁量人物。朝士慕其风者，多遥相应和。由是东林名大著，而忌者亦多。

既而淮抚李三才被论，宪成贻书叶向高、孙丕扬为延誉。御史吴亮刻之邸抄中，攻三才者大哗。而其时于玉立、黄正宾辈附丽其间，颇有轻浮好事名。徐兆魁之徒遂以东林为口实。兆魁腾疏攻宪成，恣意诬诋。谓浒墅有小河，东林专其税为书院费；关使至，东林辄以书招之，即不赴，亦必致厚馈；讲学所至，仆从如云，县令馆谷供亿，非二百金不办；会时必谈时政，郡邑行事偶相左，必令改图；及受黄正宾贿。其言绝无左验。光禄丞吴炯上言为一一致辨，因言："宪成贻书救三才，诚为出位，臣尝咎之，宪成亦自悔。今宪成被诬，天下将以讲学为戒，绝口不谈孔、孟之道，国家正气从此而损，非细事也。"疏入，不报。嗣后攻击者不绝，比宪成殁，攻者犹未止。凡救三才者，争辛亥②京察者，卫国本者，发韩敬科场弊者，请行勘熊廷弼者，抗论张差

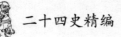

梃击者，最后争移宫、红丸者，忤魏忠贤者，率指目为东林，抨击无虚日。借魏忠贤毒焰，一网尽去之。杀戮禁锢，善类为一空。崇祯立，始渐收用。而朋党势已成，小人卒大炽，祸中于国，迄③明亡而后已。

（《明史·顾宪成传》）

【注释】

①顾宪成：明政治家。无锡人。万历进士，官至吏部文选司郎中。万历二十二年，革职还乡，与弟允成和高攀龙等在东林书院讲学。他们议论朝政人物，受到士大夫支持，形成清流集团，被称为东林党。②辛亥：万历三十九年，公元1611年。③迄：直至。

【译文】

顾宪成禀性超常，年轻即有志于圣学。及至革职回乡，更加集中精力专门研究，有力批驳王守仁"无善无恶心之体"之说。无锡原有东林书院，是宋代杨时讲学之处，顾宪成和弟弟顾允成一起重修，常州知府欧阳东凤与无锡知县林宰替他们进行了筹划。书院落成之后，便经常和高攀龙、钱一本、薛敷教、史孟麟、于孔兼等志同道合的人一起讲学，顾宪成被学者们称为泾阳先生。当时，士大夫中恪守正道与时俗不合的人，大多离开官场，隐居山野之中，听说了顾宪成等东林讲学之事，纷纷响应投奔而来，乃至于学舍人满为患。顾宪成曾说："在朝廷做官，不忠于君父，在地方做官，不关心民生，在山野隐居，不关心世道，这都是君子不应有的态度。"因此他们在讲学之余，往往议论朝政，品评人物。朝中官员向慕东林风气的人，大多和他们遥相呼应。所以东林名声大著，而同时忌恨者也极多。

后来一部分朝臣请参用外僚入阁，意在凤阳巡抚李三才，引起朝中争论，顾宪成致信首辅叶向高、吏部尚书孙丕扬，推荐李三才。御史吴亮把顾宪成的信在邸抄中公布，引起许多人攻击李三才，纷纷上奏章弹劾。而这时候于玉立、黄正宾这些人也在其中附和，颇有些轻浮好事的坏名声。徐兆魁之徒便以东林为攻击目标。徐兆魁上疏攻击顾宪成，肆意诋毁。说浒墅有一条小河，东林独占了税收作为书院费用；税使到了，东林就致书礼请，就算人不去，也必定致送厚礼；讲学所到之处，仆从如云，县令食宿招待等费用，没有 200 两黄金办不到；讲学聚会时必定谈论时政，郡邑各项事务偶有不合东林之意的，一定要重新改变；还有收受黄正宾贿赂等。徐兆魁的这些话都毫无根据。光禄丞吴炯上疏一一为之辩驳，并说："顾宪成致信救李三才，确实是出位之举，臣也曾责备他。顾宪成自己也后悔。如今顾宪成受诬陷，天下人将不敢讲学，绝口不谈孔孟之道，国家正气从此受到损害，这非同小可。"上疏奏进，没有回音。之后攻击顾宪成的人接连不断，到顾宪成去世，攻击

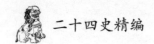

仍未停止。凡是援救李三才的人，争论辛亥京察的人，捍卫国家根本的人，揭发韩敬科场舞弊的人，请求行勘熊廷弼的人，追查张差梃击案的人，最后直至争论移宫案、红丸案的人，违忤魏忠贤的人，一律都指斥为东林党，攻击陷害连续不止。借着魏忠贤的嚣张气焰，把这些人一网打尽。残杀迫害免官禁锢，朝中正直之士被排挤得一干二净，直至崇祯皇帝即位，才开始渐渐录用这些人。然而奸恶朋党已成了很大势力，小人肆意横行，祸害国家，一直到明朝灭亡。

王竑忠愤击奸党

王竑，字公度，其先江夏①人。祖俊卿，坐事戍河州②，遂著籍。竑登正统四年进士。十一年授户科给事中，豪迈负气节，正色敢言。

英宗北狩，郕王摄朝午门，群臣劾王振误国罪。读弹文未起，王使出待命。众皆伏地哭，请族振。锦衣指挥马顺者，振党也。厉声叱言者去。竑愤怒，夺臂起，捽③顺发呼曰："若曹奸党，罪当诛，今尚敢尔！"且骂且啮④其面，众共击之，立毙，朝班大乱。王恐，遽起入，竑率群臣随王后。王使中官金英问所欲言，曰："内官毛贵、王长随亦振党，请置诸法。"王命出二人。

100

众又捶杀之，血渍廷陛。当是时，竑名震天下，王亦以是深重竑。且召诸言官，慰谕甚至。

（《明史·王竑传》）

【注释】

①江夏：县名。治所即今湖北武汉市武昌。②河州：治所在今甘肃临夏县西南。③捽（zuó）：揪。④啮（niè）：咬。

【译文】

王竑，字公度，祖先是江夏县人。祖父王俊卿，因事贬为河州戍卒，就入了河州籍。王竑正统四年考中进士。十一年授任户科给事中，气魄豪迈，有气节，敢于仗义直言。

明英宗被瓦剌俘获而去，郕王代理国政，在午门内坐朝，群臣弹劾宦官王振误国大罪。读完弹劾奏章群臣伏地未起，郕王要大家出去待命。群臣都伏地痛哭，要求抄斩王振满门。锦衣卫指挥马顺，是王振同党。他厉声呵斥弹劾王振的大臣滚出去。王竑见状愤怒至极，挥起手臂，一把揪住马顺的头发骂道："你们这帮奸党，罪该万死，现今还如此胆大妄为！"一边骂，一边用牙咬他的脸，众人一起喊打，你一拳我一脚，一下就把马顺打死了，这时朝廷上秩序大乱。郕王害怕，马上起身入内，王竑同群臣紧随其后。郕王派宦官金英问大家想说什么，王竑说："内官毛贵、王长随也是王振同党，请治罪服法。"郕王命

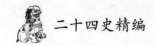

推出毛贵、王长随两人，众臣又打死了这两个坏蛋，殿廷台阶
之上，一片血迹。一时，王竑名震天下，郕王也由此更加信任
倚重王竑。并召见众言官，一再慰劳劝谕他们。

忠之至　死之酷

　　周天佐，字子弼，晋江[①]人。嘉靖十四年进士。授
户部主事。屡分司仓场，以清操闻。

　　二十年夏四月，九庙灾，诏百官言时政得失。天佐
上书曰："陛下以宗庙灾变，痛自修省，许诸臣直言阙
失，此转灾为祥之会也。乃今阙政不乏，而忠言未尽
闻，盖示人以言，不若示人以政。求言之诏，示人以言
耳。御史杨爵狱未解，是未示人以政也。国家置言官，
以言为职。爵入狱数月，圣怒弥甚。一则曰小人，二则
曰罪人。夫以尽言直谏为小人，则为缄默逢迎之君子不
难也。以秉直纳忠为罪人，又孰不为容悦将顺之功臣
哉？人君一喜一怒，上帝临之。陛下所以怒爵，果合于
天心否耶？爵身非木石，命且不测，万一溘[②]先朝露，
使诤臣饮恨，直士寒心，损圣德不细。愿旌爵忠，以风
天下。"帝览奏，大怒。杖之六十，下诏狱。

　　天佐体素弱，不任楚。狱吏绝其饮食，不三日即

死，年甫三十一。比尸出狱，皦③日中，雷忽震，人皆失色。天佐与爵无生平交。入狱时，爵第隔扉相问讯而已。大兴④民有祭于柩而哭之恸⑤者，或问之，民曰："吾伤其忠之至，而死之酷也。"

（《明史·周天佐传》）

【注释】

①晋江：县名。治所即今福建泉州市。②溘（hè）：忽然。③皦（jiǎo）：明亮。④大兴：县名。治所在今北京城南。⑤恸（tòng）：极悲哀。

【译文】

周天佐，字子弼，晋江县人。考取嘉靖十四年进士。授任户部主事。屡次分管仓库工场，以清正廉洁著称。

二十年夏四月，天子宗庙发生火灾，诏令百官大臣奏言设政得失。周天佐上书说："陛下由于宗庙发生火灾，沉痛地反省自己，允许众臣直言政事缺失，这是变灾祸为福祥的一个转机。而如今时政的缺失确实不少，而没有听到有多少忠直之言，是由于用言语向人们作出一些表示，还不如通过政事向人们作出表示。征求直言的诏书，这是用言语向人们作出的表示。御史杨爵的冤案没有了结，这就是还没有通过政事向人们作出表示。国家设置言官，以进言为职责。杨爵关在狱中几个月，圣怒越来越厉害。一来说是小人，二来说是罪人。把尽言直谏的人称为小人，那么做一个不说直话迎合奉承的君子就不难了；把秉性正直尽进忠言的人当作罪人，那么谁又不做一个献媚取宠一味顺从的功臣呢？人君每喜欢什么，每恼怒什么，上帝都看得清清楚楚。陛下为何恼怒杨爵，到底是与天心相合，还是不合呢？杨爵身非木石，生命危在旦夕，一旦忽然死了，那真是使谏诤直臣饮恨九泉，忠直之士人人寒心，对圣德的损害不小。希望能表彰杨爵忠心，以劝勉天下。"皇上看了周天佐的奏疏，勃然大怒。把他杖打 60 下，关进诏狱之中。

周天佐身体向来瘦弱，受不了杖打。狱吏又断绝他的饮食，不到 3 天就死了。年仅 31 岁。当他的尸体从狱中抬出来时，明亮耀眼的日光之下，忽然雷声大震，人们都大惊失色。周天佐与杨爵平生没有什么交往。只是在周天佐入狱时，杨爵隔着牢门问讯了一下而已。大兴县有一个平民到周天佐灵柩前祭奠，哭得十分悲哀，有人问他，他说："我悲伤他忠心耿耿到了极点，而被杀害太残酷了。"

传世故事

朱棣援《祖训》而"靖难"

明太祖朱元璋的第四子朱棣（dì）于洪武三年（1370）封燕王，洪武十三年（1380）离开京师，赴北平守藩。其人容貌奇伟，有勇有谋，能以诚待下。洪武二十三年（1390），曾率军征讨元太尉乃儿不花。与其同时领兵的有晋王朱㭎（gāng）。朱㭎怯阵，不敢进兵；而朱棣却从背后直驱迤都山，大败乃儿不花而归。朱元璋因其英勇屡次让他率将带兵出征，并命他统帅边境一带的兵马。因此，他在当时很有些威望。

然而，朱元璋虽然重视四子朱棣的文才武略，在传位时却根本没有考虑他。朱元璋在世时即已定懿文太子为嗣帝，懿文太子早逝，朱元璋又立其子朱允炆（wén）为皇太孙。洪武三十一年（1398），朱元璋死后，朱允炆就成了当然的皇帝。

朱允炆当皇太孙时，曾向伴他读书的黄子澄谈到对拥兵自重的诸王的忧虑。等到一即位，便任黄子澄为翰林学士、齐泰为尚书，让他们密议削藩事。当时藩国中朱棣的燕国势力最大，齐泰主张首先削平燕国这个山头，黄子澄则主张先削周国，因为周王朱橚（sù）是燕王朱棣的同母弟弟，削除周王就等于斩断了朱棣的手足。朱允炆对燕王朱棣感到棘手，也就采纳了黄子澄的建议，找个罪名派兵问罪于周王朱炆。心欲钻营求进的人乘机揭发告密，把齐王朱榑（fú）、湘王朱柏、代王朱桂、岷王朱楩（pián）也都牵连了进去。于是，周王、岷王被废为庶人，代王被幽禁于大同，齐王被拘押在京师，湘王自焚而死。朱棣见骨肉手足废的废，抓的抓，死的死，不禁产生了兔死狐悲之感，同时又担心这样的命运落在自己的头上，便佯狂称病，以图躲过恶运。黄子澄和齐泰极力劝说朱允炆，乘其称病给他来个突然袭击，但朱允炆畏惧他智勇双全，始终犹疑不决。

建文元年（1399），有人揭发燕王有不轨行为，朱允炆命人拘杀了燕王朱棣手下的军官於谅、周铎等，下诏责备朱棣，朱棣只好谎称病情加剧。朱允炆又采用黄子澄、齐泰的计策，在燕国北平的周围布下精兵强将，把燕王府护卫中的健壮兵士调归自己人指挥，命都指挥使谢贵、布政使张昺率兵看守朱棣的王宫。朱棣心中十分忧惧，觉得再不起兵反抗，自己就要成为人家砧板上的鱼肉，但是他的三个儿子还在京师，倘若他一举事，儿子就会成为刀下之鬼。因此，他故意装作病重垂危，乞求朱允炆放回他儿子，让他见上最后一面。齐泰建议朱允炆立即逮捕朱棣的儿子，而黄子澄却主张放还，借以麻痹朱棣，好乘机派兵袭击他。

朱棣待儿子们安全回到北平，立即与僧道衍密谋，命指挥张玉、朱能将八百名勇士偷偷地带进燕王府，埋伏在端礼门。然后把谢贵、张昺骗进来，伏兵一拥而上，杀死了他们。接着，又从谢贵等手下手里夺回了王府的九门。这一年七月，朱棣公开宣布发兵讨逆。

为了使自己的军事行动具有合法性，朱棣采取了拉大旗作虎皮的计谋。他先上书明帝朱允炆，指责黄子澄、齐泰二人为祸国殃民的奸臣，并且援引明太祖朱元璋手编的《祖训录》说："朝无正臣，内有奸恶，则亲王训兵待命，天子密诏诸王统领镇兵讨平之。"然而，他并不管朱允炆下不下什么"密诏"，奏书一送出，随即挥兵南下。而且，为了免去反叛之嫌，他还仿效汉初七国兴兵"清君侧"的叫法，称其师为"靖难"。

朱允炆先后派遣长兴侯耿炳文、曹国公李景隆率军北伐燕王，均被打得大败。这下子朱允炆可慌了手脚，只好以丢卒保车之计，抛出黄子澄、齐泰二人，换取燕王退兵。其实讨平奸臣不过是燕王朱棣的借口，把皇帝朱允炆拉下马才是他最终的目的，所以他根本不理会黄子澄、齐泰被解职一事，昭旧催兵前进。建文四年（1402）六月，燕军经过三年的征战，终于占领了京师南京，明帝朱允炆不知所终，燕王朱棣即位称帝，是为明成祖。

（《明史·成祖本纪》等）

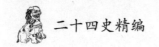

明仁宗慎言谨行

明仁宗朱高炽是明太祖朱元璋的孙子，明成祖朱棣的长子。少年时沉静持重，言行有礼，长大后酷好学问，常与儒臣一起讲论不休。朱元璋很喜欢他，洪武二十八年（1395）册封他为燕世子。一次，朱元璋问他："唐尧、商汤时发生了水旱之灾，百姓靠什么为生？"他答道："依靠圣人的恤民之政。"朱元璋听了很高兴，认为这个孙子有君临天下的识见。

但是，成祖朱棣不太喜欢这个儿子，只不过因为他是父亲朱元璋给自己册封的世子，为人又仁慈贤惠，也就没有废掉他。而朱棣所喜欢的二儿子朱高煦、三儿子朱高燧却时时想取得世子之位。

明惠帝建文元年（1399），朱棣起兵"靖难"，南下进攻惠帝朱允炆（wén），命朱高炽留守北平。朱高炽防守北平的士卒仅有一万人，而前来进攻北平的李景隆军却有八十万。然而朱高炽善待士卒，士卒感恩戴德，都为他誓死效命，所以李景隆的大军到底未能攻破北平。惠帝见武力强攻不下，又改以智取。他派人送给朱高炽一封书信，企图借此离间他与朱棣的父子关系。当时朱高煦、朱高燧及其党羽宦官黄俨等正在千方百计地找机会谗害他，他们探知信函一事后，马上让黄俨先秘密地去向朱棣通风报信，说朱高炽暗中勾结朝廷，惠帝的信使已到北平。朱棣听了非常生气，以为这个不讨人爱的不肖子果然卖父求荣，心中突生起了杀子之意。谁知没多久，朱高炽的使者也来到了朱棣这里，他送上了朝廷致朱高炽的信函。朱棣接过一看，信函尚未启封，打开读后，才知是惠帝的离间计。他如梦方醒似的感叹道："我险些误杀了自己的儿子。"原来，朱高炽心中明白，他早就提防着朝廷的这一手。

永乐元年（1403），朱棣即位，亦即后来所称的明成祖。他改北平为北京，仍叫儿子朱高炽镇守。到了第二年春，成祖才把朱高炽召还南京，立为皇太子。以后成祖每当北征时，都吩咐朱高炽留守京师，监理国家。他受命后，兢兢业业，听政治民，遇到四方有水旱灾情，便派人赈灾救饥，臣民对他的仁政有口皆碑。但其弟高煦、高燧及其党羽们却仍旧不断地找机会进谗构陷他。周围的大臣都不禁为他担心，有的人问他："你难道不知道有谗害你的小人吗?"他坦然地答道："不知道，我只知恪守作为儿子的职责而已。"

永乐十年（1412），成祖北征后还京，因朱高炽派遣的使者误期，而且奏书措辞不当，成祖便把他的臣僚黄淮等逮捕入狱。永乐十六年（1418），黄俨等人又诬告朱高炽擅自赦免罪犯，不少官僚被株连处死。成祖还命侍郎胡濙（yíng）调查朱高炽，胡濙调查后，给成祖上奏了封密书，其中禀告了朱高炽诚敬孝谨的七件事例，成祖这才没有怪罪朱高炽。后来，直到黄俨等谋立高燧失败被诛，高燧多亏朱高炽力救而免祸后，朱

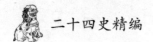

高炽才再不受骨肉手足的威胁了。永乐二十二年（1424），他终于登上了帝位，是为明仁宗。对于明仁宗的慎言谨行之术，史家曾有评曰："中遘（gòu）媒孽，濒于危疑者屡矣，而终以诚敬获全。善乎其告人曰'吾知尽子职而已，不知有谗人也'，是可为万世子臣之法矣。"

（《明史·仁宗本纪》）

明太祖严禁宦官预政

明太祖朱元璋出身之穷，为历代皇帝中之少见。他年轻时，父母兄长死后，穷得无钱下葬；他自己贫无所依，只好去当和尚；当和尚也填不饱肚皮，他又外出云游乞食，途中患病，几乎丧命。因此，当元末农民大起义的浪潮把他推上了皇帝的宝座时，他特别珍惜这个位置。

为了巩固他花费十五年夺得的帝位，并传之于子孙后代，鉴于前朝政治废弛的教训，他实行了严刑峻法的治国之策。在历代帝王丧失江山的覆车之鉴中，他尤其重视宦官干预朝政的问题。洪武二年（1369）八月，在确定内侍官制时，他明确地指示吏部说："宦官这类内臣，只要人数足够使用就可以了，不要配备太多。自古以来，这类人就易于擅权，对此要引以为戒。驱使他们的最善之术，是让他们对法令望而生畏。不要让他们立什么功劳，一有功劳，他们就必不可免地滋生傲慢骄横之心。"当时，宫中安置的宦官才不到一百人。

到了晚年，朱元璋越发担心大明江山会不会断送于子孙之手。因此，他特意制定了《皇明祖训条章》，并颁布于朝野。其中把宫中太监定为十二监，监下各有司局。在人员配置和组织机构上，较洪武初年更为完备，对太监应当恪守的准则也规定得更为严厉。如宫中太监不得读书识字，不得身兼外臣文武职衔，不得使用外臣冠服，官阶不能超过四品，每月俸禄为米一石，穿衣吃饭不准离开内庭。《条章》还强调："后世有言更祖制者，以奸臣论。"

朱元璋不仅教训子孙这样做，而且身体力行，以身作则。他曾在宫门口树立了一块铁牌，上面刻着一条令："内臣不得干预政事，预者斩！"他还明令各司宦官不准有文字往来关系。宫中曾有一个老年宦官，侍奉了朱元璋许多年。一天，他或许是倚老卖老，闲暇时随口谈论起政事来。朱元璋立时大怒，毫不留情地把他打发回了老家。当时还有一个叫杜安道的御用监，几十年间一直侍候朱元璋。朱元璋运筹帷幄时，他都在场，可以说朱元璋的各种机密他无所不知。然而，他处事周密，守口如瓶，在碰到大臣时只一揖而退，根本不开口说话。朱元璋很赏识他，不过也并没有给以特殊的荣宠，后来出宫时只让他当了个光禄寺卿。曾经走出宫廷到外地购买马匹的，有赵成、庆童等几个宦官，但他们也都没敢过问政事或传递消息。

朱元璋死后，继任的明惠帝倒还记着乃祖的遗训。随着时

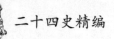

间的流逝，朱氏子孙早把家法抛到了九霄之外。祸国殃民、臭名昭著的汪直、刘瑾、魏忠贤等便出在有明一朝。

（《明史·太祖本纪》

《明史·宦官列传》）

朱元璋用人之法

徐达，字天德，濠（今安徽凤阳境内）人。他年少即有大志，身高颧高，刚毅武勇。朱元璋还是郭子兴的部帅时，徐达就跟随他，朱元璋与他相见一谈，如同老友。后朱元璋南平定远（今陕西西乡南）时，带领十二位勇将前往，徐达就身为其首。后朱元璋任命他为大将，率领诸将攻城掠地，攻镇江，复池州，克武昌，击毙陈友谅。朱元璋称吴王时，任徐达为左相国。

朱元璋准备起兵征讨张士诚时，右相国李善长请求暂缓动兵，从长而计。徐达说："张士诚污浊而待人苛刻，他的大将李伯升等辈只知占有子女玉帛，容易对付。而他用事的黄、蔡、叶三个参军，都是书生，不知天下大计。臣若奉主上之命，以大军逼攻，三吴很快可以平定。"朱元璋高兴，就拜徐达为大将军，常遇春为副将军，命率水师二十万人进逼湖州。敌军分三路出战，徐达也以三军应付，又另派兵扼住对方归路。敌人战败退却又无法归入城池，大败而还。徐达用众兵围住其城，张士诚派吕珍等带六万兵来救，也被常遇春等包围。张士诚亲率众兵来救，也被徐达大败于皂林。张士诚逃跑，他部下五太子、朱暹、吕珍等人都投降，湖州城破。

于是徐达军从太湖进围平江（今苏州），徐达在葑门扎营，常遇春在虎丘扎营，郭子兴在娄门扎营，华云龙在胥门扎营，汤和在阊门扎营，王弼在盘门扎营，张温在西门扎营，康茂才在北门扎营，耿炳文在城东北扎营，仇成在城西南扎营，何文辉在城西北扎营，筑起长墙围攻张士诚。他们在军营中架起木塔与城里的佛塔相等。此外筑了三层土台，鸟瞰城内动静，并架设弓弩火枪，台上又架大炮，一炮击就可以粉碎城中一切。城里守军非常惊惧。

徐达一向谨慎，也深知朱元璋的个性，便派使者向朱元璋请示进攻计划。朱元璋带信嘉慰他说："将军一向勇谋绝伦，故而能够粉碎乱谋，削平群雄，现在事必禀告请命，这是将军的忠诚，我甚为安慰。然而将在外，君令有所不受。军中的轻重缓急，将军应该相机而行，我不从中制约。"不久，徐达便指挥兵马攻破平江城，活捉张士诚，送到应天府，共收降敌兵二十五万人。此役之后，徐达被封为信国公。

不久徐达又被拜为征虏大将军，常遇春为他的副将。当时名将，首推徐、常二人。两人才勇相似，都被朱元璋所倚重，常遇春剽悍勇猛，敢于深入敌阵，而徐达则尤其长于谋略。朱元璋诏告群将，说统军有纪律，攻战克敌有将军之体者，都不

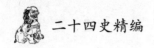

如徐达。

朱元璋称帝后，仍用徐达征讨边疆，每年春天徐达率军出征，暮冬召还京城，成为常事。而徐达则仍然恭谨如故，一回来就把将军之印上呈归还，朱元璋也很高兴，赐他休沐，设宴欢饮，称他为布衣兄弟，徐达却更加恭谨。朱元璋曾经很随便地对徐达说："徐兄功劳甚大，还没有好居处，我赐给你一幢旧宅。"所谓旧宅，就是朱元璋称帝前做吴王时所住的地方，徐达坚决推辞。一天，朱元璋到徐达的家里与他饮酒，强灌醉了他，就把他用被子蒙住抬到原吴王宅中让他睡下。徐达醒来后大惊，急忙奔下台阶，仆地自求免于死罪。朱元璋因此而大为快慰。

（《明史·徐达传》）

科考与荐举同为用人之道

明太祖朱元璋攻克金陵（南京）之后，召用儒士范祖干、叶仪；攻克婺州（今浙江金华），又召请儒士许允、胡翰等人日夜讲习经史和治国方略；攻克处州（今浙江丽水县）之后征召有名的宿儒宋濂、刘基、章溢、叶琛等人到南京，专门辟有礼贤馆来安置他们，任用宋濂为江南等地的儒学提举，任用章溢、叶琛等为营田佥事，把刘基留在军营中参与军务谋议。

后来专门敕令中书省说："现在地盘日益扩大，文治武功都双管齐下。世上奇才或隐于山野，或匿身于士伍的隐逸，如果为官者不去引拔，他们是不会自己显现的。从今以后凡是有能够上书陈言，在治国之术、武备经略方面出众的人，参军和都督府都应当把名字报上来。即使不能写文章但其见识可取的人，也允许进府来面陈他的意见。郡县官吏凡年龄在五十岁以上的人，即使在政事方面练达通明，但精力已竭的，应该命令有司从民间选取年龄在二十五岁以上、天资聪敏、有学识才干的人群召到中书省，让他们与年老的人共事。十年以后，年老的人退休，那时年少的人也精于事务了。像这样才会使人才不乏绝，而各地的官职之位又正得到适宜的人选。敕令向下面的有关部门，传达此意。"这样，各地的州县每年都举荐贤能之士以及有武勇谋略、通晓天文的人，偶尔也举荐有通晓书律的人才。不久又下令申严选举的质量，有滥举的人就逮捕问罪。

不久，朱元璋派起居注吴林、魏观等人拿钱币到四方去访求遗贤。洪武元年（1368）又征召天下贤才会集京城，分授他们太守或县令之官。这年冬天又派文原吉、詹同、魏观、吴辅、赵寿等人分赴各地，去访求贤才，分别赐以白金让他们带着上路。洪武三年（1370），皇帝谕诏廷臣说："六部总领天下事务，不是学问博洽、才德兼美的人不足以居此职位。朕担心有的贤才仍隐居山林，或者屈居在低级僚属中，现令各级有司悉心推访。"洪武六年（1373），皇帝又再次下诏说："贤才，是国家的瑰宝。古时圣王一直劳心求贤，比如高宗对傅说，文王对吕尚。这两位圣君难道是其智谋不够吗？他们仍对版筑鼓刀之徒惶惶虚心，是因为国家不具备贤才就不能达到大治。鸿鹄之所以能远飞，是因它有羽翼，蛟龙之所以能腾跃，是因为它有鳞鬣。人君之所以能够达到大治，是因为有贤人做他的辅弼。山林乡野之中如有德行文艺都可称道的人，有司应当采访举荐，客气地遣送到京城，朕将任用他们，以实现国家大治。"当年，罢停科举考试，另外专门令有司察举贤才，以德行为根本，文艺才能次之。其名目有：聪明正直、贤良方正、孝悌力田、儒士、孝廉、秀才、人才、耆民等科，全都按礼送到京城，破格擢用。而各省的贡生也由太学进选。于是从此罢停科举考试达十年，到洪武十七年（1384）才重新实行科举考试，而举荐人才的方法并行不废。

当时中外大小臣工都用推举来的人才，甚至仓、库、司、局等杂官，也由文学才干充任。那些被推荐来的人又转而推荐他人。所以山林岩穴、草茅穷居之人也大都向上自荐，从布衣贫寒而登堂居高位大官的不可胜数。耆儒鲍恂、余诠、全思诚、张长年等人九十多岁，被征召到京城，当即任命为文华殿大学士。儒生王本、杜敩、赵民望、吴源特地被安置为四辅官兼太子宾客。……像这样得到显升的很多，而从此又渐渐跻身显贵不可胜数。皇帝曾下诏说："明经行修、练达时务的人才，征召到京城后，年龄在六十岁以上七十岁以下的，可安置在翰林以备顾问，四十岁以上六十岁以下的，可在六部及布政司、按察司两司任用。"可也许那时候士人没有其它的途径入仕，往往很多人一时间暴贵，而吏部奏报荐举而来应当任官的多达三千七百多人，少的时候也有一千九百多人。另外，那些富户耆民都可以进见，奏对回答满意的，就给予好官美职。像会稽和尚郭传就是由宋濂举荐提升为翰林应奉的，有实可考。

自从科举重新设立后，两种取人办法并用，也没有轻重之分。到建文、永乐年间，靠荐举起家的人还有的被授翰林或藩司。像杨士奇一介处士，陈济一个布衣，骤然被任命为《太祖实录》的总裁官，就是不拘资格之例。后来科举越来越重要，荐举相应地渐受轻视，能做文章的人都以科举场屋出身为荣。有司虽然也多次奉诏求贤，只是循例走过场而已。

（《明史·选举志》）

明成祖怒杀方孝孺

方孝孺，字希直，又字希古，宁海人。他年幼时机警灵敏，双目有神。每天读很多书，家乡人称他"小韩子"。成人以后他随名儒宋濂学习，宋濂门下的诸多儒生都无出其右，同学前辈胡翰、苏伯衡等人也自称不如他。方孝孺很看不起文艺杂学，以辨明王道、招致天下太平为己任。一次他卧病期间，家中断了炊粮，家人告诉他，他不以为意，笑着说："古人三旬九食，受贫穷的岂只我一个人呢？"

117

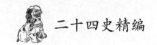
　　方孝孺工于文章，他的文章醇厚深永，雄浑豪迈，每有一篇问世，则海内争相传诵。明惠帝（即建文帝）即位之后，召他为翰林侍讲，第二年又迁升为学士，国家大政方针往往向他咨询。建文帝喜好读书，每有疑问就召他讲解。甚至临朝奏事也常让他到屏风前对答。修史书，让方孝孺做总裁。改定官制时，方孝孺被改任文学博士。燕王朱棣在北方起兵时，朝廷的诏讨檄文都出自他的手笔。后来他又出主意，建议全部赦免燕王部众的罪过，让他们收兵回藩。

　　朱棣起兵，准备夺取帝位。京城危急时，有人劝皇帝迁走，方孝孺力主坚守京城等待援兵，说即使事情不成也应为社稷而死。后来京城最终陷落，惠帝自焚。这一天，方孝孺被燕王捕入狱中。在此之前，燕王从北平出发时，姚广孝曾劝燕王攻下南京之后不要杀方孝孺："城破时他一定不会投降，请不要杀了他。杀了他天下读书人的种子就断绝了。"燕王表示接受。夺权后燕王即位，即明成祖。明成祖想要方孝孺起草诏书，以安定天下。方孝孺被召到朝廷上之后，他悲恸欲绝的哭声响彻殿堂，成祖走下御座对他说："先生不要自我折磨，我欲效法周公辅佐成王的故事。"方孝孺问："谁是成王？成王在哪里？"成祖说："他已经自焚死了。"方孝孺就问："为什么不立成王的儿子呢？"成祖说："国家要依靠年长的君主。"方孝孺问："那为什么不立成王的弟弟呢？"成祖说："这是我的家事。"接着示意手下的人给他纸和笔，说："诏告天下，非得先生起草不可。"方孝孺把笔扔在地上，说："要杀就杀，诏书不能起草。"明成祖大怒，下令在市场上将他肢裂处死。

方孝孺慷慨赴死，作绝命词："天降乱离兮孰知其由，奸臣得计兮谋国用忧。忠臣发愤兮血泪交流，以此殉君兮抑又何求，呜呼哀哉兮庶不我尤。"这一年他四十六岁。他的弟弟方孝友也一同被处死，他的妻子和两个儿子上吊而死，两个女儿投秦淮河而死。

（《明史·方孝孺传》）

吴履不忍治民于狱

民间的犯罪案件，有些最初只是作案人心粗气盛的大胆妄为，结果却酿成大案，导致流血杀人，乃至多条人命的惨剧。真正爱民的官吏，不忍心事发后立威名、兴大狱、成治绩，而是要在事件萌发之初，做好疏导、化解工作，制止事态的激烈化、扩大化。明朝初年的吴履，就是一个治狱而"不忍置民于狱"的人。

江西南康县民王琼辉，为人粗豪直戆，早就看不惯本地土豪罗玉成横行乡里、飞扬跋扈的所作所为。一天，罗玉成的家人又在王琼辉家门口欺凌弱者。王琼辉一怒之下，将这个恶奴抓进他的院子里打了一顿。罗家知道消息后，以为这是太岁头上动土。两家本有嫌隙，没事还虎视眈眈，既然王家挑起事端，罗家可就等到了大打出手的机会。因此，以罗玉成的侄儿罗玉汝为首，一下子纠合家丁、族人，以及依附于罗家的游民、地痞、佃户等二百来人，还有跟着看热闹的好几百人，提刀扛棍，围住了王家院子。罗玉汝等人不仅夺回了肇事家人，还把王琼辉拉出去，捆在一棵树上猛抽猛打，打得死去活来，才扬长而去。

王家受此奇祸，何肯罢休？王琼辉兄弟五人起初到县里状告罗玉成纠集暴徒行凶打人。当时南康知县不在，由县丞吴履受理此事。这吴县丞清正爱民，在百姓中有极高声望。他知道争斗情况后，马上差人将行凶首恶四人捕捉到县，准备惩处。但王氏兄弟必欲将围宅众人一一惩罚；并在公堂上咬破指头，滴血立誓，说倘若官府不管，他们就要杀进罗家，拼个同归于尽。

吴县丞知道王家兄弟已经不能控制感情，稍一放纵，一场悲惨的械斗就要发生，死伤将不知凡几，后果将不堪设想。倘若等到惨剧发生以后再来依法处理，又有好些人要人头落地。他不能眼看着这场血流成河的惨剧在自己管辖的范围内发生。因此，他把王琼辉叫来，反复对他陈说厉害，劝他冷静克制，不要铸成大错。他问王琼辉："那天只有罗家的人围住你家吗？"王琼辉答："不是，有一千多人，大多不是罗家的。"吴县丞又问："千多人都骂你、打你了吗？"答："也不是，动手打的就那几个，跟着叫骂的也不多，大多数人是瞎起哄，看热闹的多。"县丞又说:"只有那么几个人打你、骂你,你几弟兄就要兴师动众,提刀乱砍,血洗罗家满族、满门,这行吗?而且你知道众怒难犯的道理?如果罗家全族也像你们这样不要命蛮干,拿刀使棍杀到你们家里,他们族大人多,你们的妻儿老小还有命么?杀了你们全家,虽说还有王法惩治他们,可到那时你又能获得什么?你悔都没法悔了!听我的话,老老实实听候县里发落,我会公正地严惩祸首、替你解恨的。"在吴县丞警之以法、晓之以理、动之以情的感化下,王琼辉仔细一想,仅凭兄弟几人的血气之勇,是报不了仇的,去与罗玉成那样的大土豪拼命,是白送死。他只好爬在地上叩头说:"小民听老爷的话,求老爷给小民作主!"

吴县丞劝住了王琼辉后,就将捕来的罗玉汝等四个凶手押到他们打王琼辉的地方,当着王琼辉的面,每人重打几十大板,打得两腿鲜血直流,求爹告爷的大叫。又强令罗玉成向王琼辉赔礼道歉。一场眼看酿成血祸,终于在吴县丞的恰当处理下,平息了。

像这样化大事为小事,化大狱为小惩的事,差不多成了吴履治理地方的指导思想。又如,知县周以中下乡催促徭役,有两个大胆的农民骂了他几句,他抓又抓不住,查又查不出,勃然大怒,下令把这个地方的百姓都拘押起来审问,已经抓了六七人,还要继续抓。当地百姓恐慌万状,四散逃亡。吴履巡查监狱,询问这几个人的情况,知道他们无罪,马上予以释放,并对他们说："你们没有罪，回去告诉你们那里的乡亲，叫他不要怕，不要乱跑了。"当他把放人的事告知知县后，知县十分生气，说县丞轻慢他。吴履婉言劝解说："冒犯您的，只不过是一个狂徒而已，查到后惩戒一下就行了。他的乡人邻里有什么罪？而且法律是治理天下的法律，不是替当官的解恨消气的工具。抓那么多人，您不怕把事情闹大了吗？从古以来，没有滥用刑罚、滥捕人而不引起变乱的。若激起百姓变乱，您如何收拾，如何向上峰交待？"周以中逐渐清醒过来，委托吴履出面去处理善后工作。

（《明史·吴履传》）

刘基司法铁面无私

明朝建国之初，以刘基（伯温）为御史中丞，掌管中央政府的司法刑狱工作。

一次，朱元璋到北方各地巡视，命左丞相李善长与刘基等留守京城。临行前，刘基对太祖说："宋、元以来，法制废弛，宽纵日久，以致天下混乱，不可收拾，我朝初建，应当首先使纪纲振肃，在此基础上才能顺利地对人民施行仁政、惠政。"太祖很欣赏他的见解，命他据此斟酌办理。

刘基办事具有一种刚正严肃的作风，他要求自己手下的御史们铁面无私地纠察百官，无所避忌。遇有官吏违犯法纪，他即刻收捕，无情地加以惩治。官廷的宿卫、宦官有过，他随时启奏皇太子依法处置。因此，当时朝中的官吏、宦侍，无不惧怕他的威严。

中书省有个都事，叫李彬，犯了贪赃卖法的罪，应当判处重刑。但这个李彬的根子很粗，他同朱元璋的开国元勋、左丞相李善长的关系十分密切，又是他领导的中书省的得力下属。因此，李善长亲自出面替他说情，请刘基缓解一下李彬的案子。疾恶如仇的刘基，不仅断然拒绝从宽，还即刻派人快速赶到太祖那里去奏明此事，请求处决李彬。一生最痛恨贪官污吏的朱元璋，立即就批准了刘基的请求。

当时，金陵一带久旱不雨，农业生产和百姓们的生活都面临非常艰难的局面。主持朝政的左丞相李善长，想不出抗灾保民的积极办法，正打算高筑法坛，大做法事，向老天爷祈祷下雨。正在此时，太祖批准斩决李彬的文书送到了。李善长本来就不满对李彬的判决，听说就要执行死刑，更是大为光火，他对刘基说："如今正要做法事祈雨，这是为了奉承天意，而你却要在这个时候杀人，这岂不有悖老天爷仁慈好生之德？"刘基愤怒地回答道："李彬贪赃枉法，天怒人怨，诛锄此类凶恶，老天爷才会普降喜雨！"他没有理睬李善长的反对，下令将李彬押到祈雨坛前，公开宣布他的罪状，在万人欢呼声中，将他斩首。

李善长对刘基恨之入骨，明太祖回到京城后，他马上前去

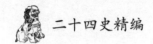

告状，称刘基不顾祈雨大典，竟在庄严肃穆的祈雨法坛下杀人，这是对上天的大不恭敬，因此至今尚未下雨。此外，他还攻击刘基行事武断，专擅强横。其他一些怨恨刘基的人，也纷纷前去进说刘基的谗言。朱元璋尽管心里也不太高兴，可他仍然觉得刘基是一个十分难得的佐命奇才，为他打天下出谋划策，立过不少的功勋，不忍因为这件小事就同他过意不去。

不久，刘基的妻子病逝，他哀伤过度，精力顿衰，便请求回到青田老家休养，明太祖特诏允准，并给予优厚封赏。而李善长等人则像拔掉眼中钉一样快活。

（《明史·刘基传》）

嘉靖屈法徇私

明世宗嘉靖初年，湖广长沙有个豪民叫李鉴，继承他父亲李华的衣钵，以抢劫偷盗为发家途径。由于拒捕，杀死了巡检冯琳。地方上制不住他，冯琳的儿子冯春震告到了朝廷，这才将李华逮进监狱（后死在狱里）。可李鉴在外仍然抢劫烧杀如故。长沙知府宋卿，派人四出辑拿，终于抓到了他。经过审讯，判为斩刑，可不久又被他越狱逃跑。朝廷下诏，责令地方官立刻捉拿归案。

时任湖广巡抚席书，十分不满宋卿，上疏劾奏他有赃私行为，疏中还谈到李鉴的案子，认为宋卿故意重判李鉴的罪。嘉靖曾派出大臣前往长沙推勘。这时，李鉴已经被抓获，招认了罪恶，自己也承认犯的是死罪。大臣们回朝后，以宋卿的审判准确无误上报。

可是，这时的席书由于同张璁、桂萼等在争议世宗本生父的尊号的"议礼"中，迎合皇帝私意，成了朝廷的新贵，升了礼部尚书，颇得皇帝宠信。他又上疏说："臣由于议礼得罪了广大朝臣，因此湖广的问官洗刷了臣所举劾的宋卿的劣迹，而将被宋卿冤枉的李鉴定为死罪。臣请求令法司重新会勘此案，以辨明是非，开释无辜。"嘉靖对这些新贵自然是言听计从，马上下令将李鉴押到北京，由刑部、都察院、大理寺三法司会审。

刑部官员会同御史苏恩、大理评事杜鸾审讯李鉴之后，联名上疏道："李鉴杀害官兵、抢劫民财、烧毁民房的罪行，过去已经取得确凿证据，案件早经判决。此次会审，犯人再次供认不讳。而席书一心一意只在证实他对宋卿的劾奏不虚，竟不惜为罪大恶极的死囚开脱，而且动辄拿'议礼'作为护身宝符。臣等以为，大礼本来出自陛下圣意，席书等人只不过一言偶合，便欲贪天之功，借以要挟陛下，压服满朝，实现其褊狭私欲，望陛下深察其居心。"

三法司的奏疏送上后，嘉靖仍然固持成见，偏袒席书，没有惩办李鉴的意思。因此，刑部尚书颜颐寿等，又请求将此案发还湖广再详勘。这次嘉靖皇帝更直截了当地说："李鉴的案

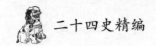

子，既然席书说有冤，出面替他伸理，想必一定有冤抑。不必再行推勘了，免去李鉴的死刑，发往辽东充军就是了。"由于皇帝偏信宠臣，竟将前后审讯结果，一概推倒。其独断专行，徇私废法，一至于此。

在此以前的陈洸事件，也是包庇"议礼"人物，屈法徇私的典型例子。陈洸原来是给事中，后调出为按察司佥事。他也是张、桂派的"议礼"要人。但此人一生恶迹昭然，儿子犯了杀人死罪，妻子与人通奸，他也被判了个递解为民。这样的人，只因政见相近，席书也替他鸣冤叫屈，说："陈洸因为议礼为朝官所嫉恨，便文致他的罪过，请求皇上对他予以宽宥。"嘉靖皇帝也就下令免予递解，连他的儿子也免死戍边。

（《明史·席书传》）

王守仁平南昌之战

明太祖朱元璋分封诸子为王，令诸王各守一方，控制当地军政大权，遂种下了之后亲王叛乱的祸根。先是朱棣的"靖难之役"，尔后是汉王朱高煦叛乱。公元1510年，安化王朱寘鐇叛乱；九年后，即公元1519年，被分封在江西的宁王朱宸濠又悍然起兵造反了。

朱宸濠乃朱元璋第十七子宁王朱权之五世孙，他自袭王位之日起，即心蓄异谋，想过过皇帝瘾。无奈此人志大才疏，经过十余年的精心准备，仍是不得要领。

公元 1519 年六月，明武宗得知朱宸濠有谋反之心，遂派太监赖义、驸马都尉崔元等到江西侦察朱宸濠的动向，朱宸濠闻讯，乃决计起兵，声称武宗并非孝宗亲子，今奉太后密令起兵讨贼，并传檄各地。

是时，一个大智大勇，允文允武的人物正在江西南部奉命围剿寇乱，他就是中国著名的哲学家、教育家王守仁。

王守仁字伯安，曾在故乡余姚的阳明洞中筑室读书，因号阳明。公元 1506 年，他因上疏论救被太监刘瑾诬陷的大臣戴铣等人，被刘瑾杖四十，贬为贵州龙场驿丞。十一年后，因兵部尚书王琼举荐，王阳明被任命为右佥都御史巡抚南赣。王阳明以江西南部盗贼遍地，权轻难以号令将士，便向朝廷请求给予旗牌，提督军务，便宜从事。

朱宸濠叛乱后，王阳明本无平叛之责任，但他为了不使长江流域遭受叛乱之祸，决心铁肩担道义，迅速平定叛乱，以免酿成一场大内战。

六月十八日，王守仁至吉安，一面上疏告变，一面与吉安知府伍文定征兵备战，一面传檄附近各郡县，号召各地守官起兵平叛。赣州知府邢珣、袁州知府徐琏及在江西的都御史王懋中等先后到达吉安，与王守仁共同抗击朱宸濠。

王守仁算计朱宸濠的军事行动有三种方略：其上策是乘京城无备，直趋京师；中策是沿江东进，占领南京，与北京分庭

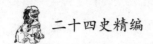

抗礼；下策是拥兵据守南昌。

倘若朱宸濠率军直趋北京，明军无备，沿途必势如破竹，则社稷危矣！倘若朱宸濠进攻南京，像其祖朱元璋那样，以南京为根本，先定江南，然后北伐。这样，明军可得到备战时间，终必平定其叛乱，而大江南北，也必将深受其害。王守仁断定，朱宸濠没有乘虚直捣京师的胆识，他极可能顺江而下，先取南京，在南京即位后再图谋北上。

为了使长江流域各州县有备战时间，延缓朱宸濠的行动，王守仁派遣士兵四处放言，说朝廷已派都督许泰率京军四万，与南赣巡抚王守仁、湖广都御史秦金、两广都御史杨旦各率所部共十六万人，将直捣叛军老巢南昌。王守仁又作蜡书，遣人送给朱宸濠的谋士李士实、刘养正，使二人鼓动朱宸濠早日发兵东进，并将蜡书故意泄露给朱宸濠。朱宸濠得讯，犹豫不决，李士实、刘养正又极力劝他及早发兵攻取金陵，作为帝业之本，朱宸濠愈加怀疑李士实、刘养正与王守仁暗通，偏不发兵进攻南京。

从六月十八日至七月一日，朱宸濠被王守仁略施小计，而弄得举棋不定，竟乖乖地在南昌坐等了十几天，不仅失去了乘虚攻取北京或者南京的良机，而且使王守仁获得了宝贵的备战时间。

在这宝贵的十几天里，王守仁急令远近各县守官立即率兵到樟树会合，共击叛逆。因此，临江知府戴德孺、瑞州知府童琦、新淦知县李美、泰和知县李楫、宁都知县王天、万安知县王冕等又先后引兵来会,兵力已达八万人。

王守仁对众人道:"兵家之道,利在速战。今逆尚在南昌,非其时也。我师迁延不发,示以自守,彼必他出,然后尾而图之,先复省城,捣其巢穴,彼必悉兵来援,然后邀而击之,此全胜之策也!"

众皆称善。

朱宸濠在南昌拒守十几天,不见明军来攻,方知中了王守仁的缓兵之计,乃于七月一日留兵一万守南昌,自与其妃、妾、儿子,率其部众六万人,号称十万,出南昌,经鄱阳湖东进,欲先攻克安庆,再陷金陵,在金陵称帝后,与明武宗朱厚照争夺天下。

王守仁闻知朱宸濠已率主力进攻安庆去了,南昌守备虚弱,乃于是月十八日在樟树誓师,以吉安知府伍文定部为前锋,统大军北上袭击南昌。

朱宸濠曾派一小股部队驻扎于城外,以翼护南昌。王守仁先派一军击灭之,于十九日深夜麾军进抵南昌城门润门。

守城叛军不意官军突至,大骇溃散,至第二日凌晨,王守仁克南昌,进城安抚士民,严禁官军抢掠,顿时人心稳定,一城安然。

正如王守仁所料,朱宸濠进攻安庆不克,忽闻南昌失守,大惊失色,急率大军回援。

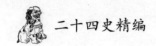

王守仁知朱宸濠之军疲于奔命，不堪一战，乃力主迎战，命伍文定率部从正面痛击叛军，邢珣率部绕至敌后出击，戴德孺、徐琏则各率所部从两翼夹击叛军。

七月二十四日，叛军至黄家渡，伍文定、邢珣、戴德孺、徐琏率军从前后左右四面围攻之，叛军大败而退。王守仁又遣军进攻叛军所占领的九江、南康，朱宸濠进退无据，乘船退入鄱阳湖中。

二十六日晨，王守仁遣军突至，实施火攻，叛军之舟船多被点燃，朱宸濠之妃娄氏投水而死，朱宸濠亦被俘获。

二十七日，叛军残余悉被王守仁消灭。王守仁平定朱宸濠之乱，前后仅用了三十五天。

观朱宸濠起兵叛乱之初，即中了王守仁的计谋。王守仁以一书生，运筹帷幄，先用缓兵之计，使朱宸濠困守南昌达十余日，采取了王守仁为之谋划的"下策"。即而出兵攻安庆，被王守仁乘虚袭破南昌，朱宸濠不一鼓作气，猛攻安庆，然后直捣南京，反而又率军回救南昌，以至士卒疲惫，人心离散，走上了迅速覆灭的道路。

八月初，王守仁平定朱宸濠叛乱的捷报尚未到京，武宗朱厚照下诏亲征，实是想借机游幸江南，广选美女，以供淫乐。至涿州，得王守仁捷报，恐怕诸臣知之，无法南下，竟密而不宣，继续南下"亲征"。其宠臣许泰，太监张忠、江彬等随之南巡，沿途为非作歹。到南昌后，对王守仁、伍文定、蒋瑶等平叛功臣百般刁难、侮辱，许泰等竟在武宗面前诬告王守仁与朱宸濠"通谋"，直到王守仁在奏疏中写明此次平叛是奉许泰等人的"方略"才得以成功，功劳应归许泰，许泰等这才罢休。

朱宸濠不久被赐死，尸体被焚。

王守仁等立此大功，竟没受到任何封赏。处于昏君奸臣之国，其处境可谓艰险备至矣！

朱厚照死后，明世宗即位，才封王守仁为南京兵部尚书。王守仁请辞，世宗又封之为新建伯。

（《明史·王守仁传》《明史·武宗纪》）

靖难之役

朱元璋建立明朝后，犯了一个大错误，即分封诸子为王，使之分居要地，形同"藩镇"。这个早已被秦始皇所抛弃的"分封制"，竟被一千多年后的朱皇帝视为宝贝，的确奇怪！史实证明，凡裂地分封子弟为藩王的，无不发生日后骨肉相残的悲剧。

朱元璋死后，其长孙朱允炆即位，年号建文，是为建文帝。

朱元璋不立子而立孙，早已令其诸子不满，故朱元璋一死，燕王朱棣、周王朱橚、齐王朱榑、湘王朱柏、代王朱桂、岷王朱楩等蠢蠢欲动，大造谣言，并勒兵自雄。明廷诸臣如齐泰、

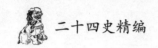

黄子澄、方孝孺等为维护建文帝的地位，因而鼓动建文帝"削藩"，以加强中央集权。

诸王中，以朱元璋第四子、燕王朱棣实力最强。建文帝考虑到朱棣握有重兵，早有准备，乃先削周、齐、湘、代、岷诸藩，欲最后再对付燕王。这一畏首畏尾的掘劣政策，正好给了朱棣备战的时间。

至建文元年六月，建文帝已废周王、齐王、代王、岷王为庶人，湘王自杀，朱棣见祸将及己，遂在北平造反，打起"清君侧"的旗号，名其军为"靖难军"，大举南下，开始了长达四年之久的"靖难之役"

朱棣自公元 1399 年七月起兵，至公元 1401 年十二月，转战两年多，战果不大，始终未过山东、河北的明军防线。

就在"靖难军"疲惫交加、人心涣散之时，有一个被建文帝罢黜的京官到北平投靠朱棣，声称金陵空虚，若麾军南下，经山东、安徽，避实击虚，可以一举攻克京师。朱棣遂改变战略方针，不与朝廷大军争一城一地之得失，而是锐意南下，直取金陵。金陵若破，朱棣以明太祖亲子的身分取建文帝而代之，造成既定事实，则天下可不战而定。

公元 1402 年正月，朱棣率军突破山东一带明军的堵截，南下直逼徐州。徐州守将闭门拒战，等候燕军来攻，不料朱棣无心攻城，一意南下，于是绕过徐州。朱棣又唯恐徐州守军蹑其背予以追击，乃伏兵九里山，遣游骑至徐州城下劫掠，并大声谩骂徐州守军。徐州守将果然出兵五千追击，至九里山中伏大败，退回城内，不敢再出城进攻，燕军于是放心继续南下。

三月，燕军越过宿州，明将何福、陈晖、平安等统军四万来战，朱棣令大军埋伏于洮河附近，令部将王真、刘江各率百骑前去诱敌，平安等率军追来，燕军伏兵突出，平安部大败，退回宿州。

不久，平安与徐达之子、明魏国公徐辉祖复率军来战，击败燕军。朱棣在燕军新败、前途莫测的紧急关头，夜不解甲，与士卒同甘共苦，终于在灵壁击破何福、平安之军，何福单骑逃走，平安被俘。

朱棣取得灵壁之捷后，欲乘胜渡淮河继续南下，明大将军盛庸正统率数万精兵、数千艘战舰拒守淮河南岸，朱棣想避开盛庸，假道淮安南下，淮安守将梅殷拒之，凤阳守将徐安亦拆浮桥以阻燕军，朱棣乃引兵至泗州，泗州守将周景初献城投降，朱棣暗派部将朱能、邱福率奇兵数百，西行二十里，从淮河上游潜渡，突然炮击盛庸之军，盛庸所部惊慌间，邱福等率兵突袭之，明军于是纷纷败走，燕军乘机渡过淮河，攻克盱眙。

这时，燕军将领有的建议进攻凤阳，有的主张进攻淮安，朱棣则认为应乘胜进取扬州，渡江直捣金陵，以贯彻其既定方针。

五月，燕军至扬州，守将王礼与其弟开门迎降。

此时，金陵之兵已无法抵挡燕军的进攻，建文帝下罪己之

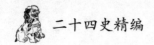

诏，征各地兵马晋京勤王。大臣们人心惶惶，为保全身家性命，有的竟派人渡江与朱棣联络，进献渡江取金陵之策。

六月初，燕军渡江，攻取镇江，直逼金陵。先锋刘保率千余骑驰至金陵东门朝阳门，见城上无守备，急忙报告朱棣这一喜讯，朱棣遂率军兵不血刃，进入京师。

建文帝知大势已去，乃纵火焚宫。关于建文帝的下落，一说自焚而死，一说从地道逃走，浪迹巴蜀为僧。遂成历史谜案。

朱棣六月十三日进入金陵，十七日即位，是为明成祖。

（《明史·成祖纪》《明史·惠帝纪》）

襄阳之役

张献忠字秉吾，号敬轩，延安柳树涧人。明崇祯三年（1630）起事反明，自号"八大王"。此人残忍嗜杀，反复无常，一日不杀人便悒悒不乐。次年冬，明总督洪承畴统兵围剿之，他惧明军势大，遂降。不久，复叛明，转战于豫、陕、鄂、皖等地。崇祯十一年（1638），又受明兵部尚书熊文灿"招抚"，表示愿意投降，却仍拥兵自重。第二年又复叛。崇祯十三年（1640）率部进入四川，屯于重庆。

明督师杨嗣昌率明军主力也跟踪入川进剿，拟令诸将皆趋泸州，企图一举消灭张献忠。明监军万元吉对杨嗣昌道："贼或东突，不可无备，宜分中军间道出梓潼，扼归路。"

万元吉之言，是对付张献忠的比较稳妥得当的策略。张献忠善用"以走制敌"的战术。即用运动战来拖跨敌人，发展自己。万元吉担心张献忠西入川不过是虚晃一枪，等明军追踪入川后，会忽然回军向东突围，威胁襄阳等地。于是建议分军驻守出川要道，防敌东走。

无奈杨嗣昌刚愎自用，认为张献忠部已至穷途末路，只要大军紧迫不舍，即可歼而灭之，遂麾大军追击，不用万元吉之策。

崇祯十四年（1641）正月，杨嗣昌部将、总兵猛如虎，参将刘士杰追至开县之黄陵城，遭到张献忠伏兵袭击，大败。张献忠侦知明军主力全部入川，襄阳无重兵把守，乃令投靠自己的罗汝才率部至房竹一带牵制明郧抚袁继咸所部，"自率轻骑，一日夜驰三百里，"直趋襄阳。

襄阳乃军事要地，历来为兵家所必争。杨嗣昌统兵进剿张献忠，便以襄阳为"军府"，即其大本营，杨嗣昌派主力入川后，襄阳空虚，监军佥事张克俭深以为忧，曾上书杨嗣昌，指出襄阳若无重兵把守，凶多吉少。杨嗣昌仰仗襄阳城墙坚固，不以为意，还回书嘲笑张克俭道："监军何怯邪？"

为防万一，杨嗣昌也采取了点措施，治守具，增岗卡，凡出入城者，必须持有他发放的"军符"，盘查甚严。

张献忠率轻骑倍道兼行，路遇杨嗣昌派往蜀地的使者，遂擒杀之，搜获出入襄阳城的军符，张献忠灵机一动，命刘兴秀等二十八名将士换上明军服装，持军符混入城中，至夜半，里应外合，袭取襄取。

刘兴秀等执军符至城下，明军一来想不到张献忠会突然出川，二来见刘兴秀等有军符为凭，于是毫不疑心，尽放之入城。

夜半时分，刘兴秀等潜至明襄王府，从中纵火，烈火熊熊，举城皆惊，居民认为张献忠已袭入城中，大惊，纷纷出走，兵民混杂，乱成一团。张克俭急忙赶来救火，竟为刘兴秀等活捉，张克俭大骂拒降，遂被杀。

混乱中，明推官邝曰广及其妻子儿女皆被杀死；摄县事李大觉将官印挂在肘上，在家中自缢而死；知府王承曾逃走。刘兴秀等二十八人竟搅乱了一座襄阳城，守城明军不战自溃。而此时，张献忠的大军尚未抵达城下。

天快亮时，张献忠方率军进城，不费多大力气，便控制了襄阳，活捉襄王朱翊铭。张献忠令朱翊铭饮酒，得意洋洋地说："我欲借王头，使杨嗣昌以陷藩诛，王其努力尽此酒。"意思是要杀掉朱翊铭，使杨嗣昌以措置乖方、用兵失利，以致藩王死于敌手而获罪伏诛。张献忠杀掉朱翊铭后，又杀了朱翊铭的从子、贵阳王朱常法，将二人的尸体焚毁。死于张献忠之手的皇亲国戚达四十余人。

杨嗣昌在襄阳存有五省筹措的军饷，还有刀枪弓弩火炮火药不计其数。至此尽为张献忠所获。守城明军数千人亦降张献忠。

杨嗣昌时在夷陵，闻襄阳失守，襄王被杀，大惧。未几又闻李自成陷洛阳，杀福王朱常洵，乃畏罪绝食自杀。

杨嗣昌未采纳万元吉之策，固然予张献忠以可乘之机，而刘兴秀等二十八人夜闹襄阳城，城中数千明军及大小官吏便作鸟兽散，亦可见明军之腐败无能。

张献忠既非治世之能臣，亦非乱世之奸雄，不过是一个乱世中杀人如麻、横行一时的大盗而已。他后来定都成都，以将士们杀人多少叙功次，蜀地人民被屠杀殆尽。张献忠见四川千里无人烟，难以立国，便尽焚成都宫殿庐舍，率兵出川，不久即被清兵击灭。

张献忠人虽毫无足取，而他袭取襄阳一役，却颇堪称道。此役后，明军粮饷辎重大部落入张献忠之手。从此，明王朝对李自成、张献忠"不可复制矣"！

（《明史·张献忠传》、《明史·杨嗣昌传》）

朱元璋发展经济

明太祖洪武元年（1368）八月，朱元璋刚刚称帝建立明朝不到八个月，包括北京在内的大片中国土地还控制在蒙古统治者手中，元末农民大起义的各路豪杰仍在逐鹿中原，朱元璋便下诏：战乱期间避乱外逃的农民，可以回到家乡开垦荒地，不限数量，并免收三年的租赋。

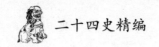

诏令虽然很简单，却表明了元太祖朱元璋对农业生产的重视以及恢复和发展经济的决心。

朱元璋出身于贫苦的农民家庭，贫到连父母去世了都无钱安葬，十七岁就到庙里当和尚以求温饱。后来亲自参加并领导了农民起义。因此，他对农民的生活，对农业生产在国计民生中的意义，体会颇深，并深知"弦急则断，民急则乱"的道理，更知道"农为国本，百需皆其所出"的道理。因此，他得了"居上之道，正当用宽"，就是说，要用宽松的政策来治理国家。那一道道鼓励农民回乡垦田的诏令，正是朱元璋这种思想的体现。

朱元璋不仅鼓励农民垦荒，而且他还大力屯田。由于元末的战乱，农民流离失所，土地荒芜，元朝统治者逃跑后，还留下了不少无主的"公田"。因此，那时荒地是很多的。尽快地把这些土地开垦起来，就成了发展农业生产的关键所在。明朝的屯田分为军屯、民屯和商屯三种。民屯和军屯的规模比较大。洪武三年六月，太祖下令"徙苏州、松江、嘉兴、湖州、杭州民无业者"到荒地比较多的临濠（治所在今安徽省凤阳县）去种地，这就是民屯。第二年三月，徙"山后（今山西北部）民一万七千户到北平（在今北京市附近）屯田；六月又徙山后民三万五千户于内地；徙沙漠遗民三万二千户屯田北平。屯田的政策，持续很长时间，到洪武二十二年，还迁山西民于北平、山东、河南等地。洪武二十五年，统一中国的战争已经基本结束，政治斗争的重点转向了统治集团内部，军队对外作战的任务已经减少。明太祖朱元璋又下诏，全国军队的卫所要有十分之七改为屯田。屯田政策对于保证农业生产和国民经济的恢复和发展起了很大的作用。太祖朱元璋自己说，他养兵百万，不需要百姓出一粒米。这不但减轻了农民的负担，也减轻了运输的压力。

农民仅仅有了土地，还不能更快地提高生产力。朱元璋还设法发给屯田的军士和农民大量的耕牛。洪武二十五年，朝庭派人从江南购得耕牛二万二千余头，分发给在山东屯田的农民。提供耕牛的政策，一直到成祖朱棣的时代还在继续。永乐二年（1404），在朝鲜买牛万头发给辽东屯田的军士，第二年，更规定每百名军士要有耕牛四十头。有时朝廷还督造农具发给屯田的农民和军士。

朱元璋很重视水利建设。明朝初建时，朱元璋就下令"民以水利条上者即陈奏"，就是说，凡是有百姓反映水利情况的，一定要向他报告。他还派人到各地去督修水利。洪武元年，修和州（治所历阳在今安徽省和县）铜城堰，周长二百余里。秦代开凿的广西兴安县的灵渠和四川成都的都江堰也都修复。洪武八年开凿的泾阳洪渠（在今陕西省泾阳县）可灌溉泾阳及邻近的三原、澧泉、高陵、临潼方圆二百多里范围内的土地。到洪武二十八年，全国共开塘堰四万零九百八十七处，修河渠四千二百六十二处，堤岸五千零四十八处。

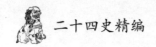

明太祖朱元璋也较注意减轻农民的负担。曾下诏规定"额外垦荒，永不起科"，就是在国家规定和纳税限额以外多开垦的土地，永远也不征税。如果什么地方出现了灾荒，注意及时救济。还在全国各地设立了不少预备仓，储粮备荒、赈济灾民。

由于朱元璋实行了鼓励农业的政策，明初农业生产确实出现了欣欣向荣的局面。粮食的产量逐步提高。洪武十八年，全国收入谷物近二千零九十万石，到洪武二十六年，增加到三千二百七十多万石。到了成祖永乐年间，某些地区的储备足够支出当地奉饷十年到四十年。有的地方仓库粮食入库年头太多，以至于变质。

不但粮食作物发展了，经济作物也发展了。洪武二十五年，开封、大名（治所在今河北省大名县）等地棉花大丰收，产量达一千一百八十万斤。全国有果树十亿棵。到了永乐年间，布帛、丝绢、棉花和水果的税收已经成为国家收入的重要组成部分。

然而朱元璋对工商业却采取了不鼓励的政策。洪武十五年，广平府（治所永年即今河北省永年县）的一个名为王允道的官吏上书要求开磁州（治所在今河北省磁县）的铁矿和冶铁事业。朱元璋却说，朕听说，王者治天下，应该让天下无遗贤，所有的能人都应该发挥作用，可是朕却没有听说过无遗利。现在兵器不缺、百姓生活安定。开铁冶既无益于国，又骚扰百姓。他不但没有采纳王允道的意见，还把他打了一顿大板子，发配

140

到岭南去了。

尽管朱元璋不鼓励，明代的手工业仍然有很大的进步。特别是官营手工业，规模很大，技术也达到了相当的水平。采铁冶铁、铸铜、造船、制瓷、染织等等，都很发达。建筑业也达到了空前的水平，为世界各国所无法相比。后来建造的北京皇宫就是个很好的例子。与此同时，商业的发展也很快，北京成了全国最大的商业城市。世界各国到中国来作生意的人也更多了。

总之，明太祖朱元璋重视农业生产的政策，为明朝的强大打下了坚实的基础。

（《明史·太祖本纪》等）

周忱理财

洪熙五年（1430），明仁宗朱高炽感到国家的财政管理极不完善，特别是江南地区，更为严重。仅苏州、松江两个府，就欠应交中央政府的税赋粮食八百多万石。他希望能找到一个能干的官员，到那里去监督整顿这件事。他问朝臣们，谁能胜任这个任务，周忱被推荐。

周忱是永乐二年（1404）的进士。明朝在朝廷中设立了"庶吉士"，是些准备用作朝廷的官员，事先进行练习的人，成祖又从庶吉士中挑选二十人，到文渊阁继续学习。那时有一个人自荐道："禀陛下，学生年纪尚小，愿前往继续学习。"这个人就是周忱。成祖觉得这个年轻人挺有志气，便选中了他。后来，他任了刑部主事、员外郎等职。一干就是二十年，尽管他满腹经纶，得不到赏识。仁宗了解到这些情况以后，同意让周忱到江南去，任他为工部右侍郎，巡抚江南诸府，总督税粮。

到任后，周忱找了些当地父老，向他们询问欠税的原因。父老们都说，那些大户增加了，却不肯加税，却都让贫苦农民负担。小民负担不起，纷纷逃亡。这样，税额的缺口就更大，贫民下户的负担也就更重。

他觉得父老们的说法是对的，便制定了一个"平米法"，公平地分配税赋负担。他又上书仁宗，让户部铸造标准铁斛，分发到各县，作为量器的标准。从而避免了粮长用大斛进小斛出，盘剥农民。

所谓"粮长"，是上方指定的负责征收粮赋的人。过去的惯例是每县设立粮长三人，一正二副。每年七月，三个粮长一起到南京核对赋税数量，然后还要以送粮为名到北京户部。这往返路费花销都要摊派到农民头上，大大地增加了农民的负担。周忱规定，只设立正副各一名粮长，到南京、北京办理有关手续，每次只去一人，二人轮流着去。因此很受拥护。

各县收粮，并没有固定的仓库，就放在粮长的家里，因此出现了许多弊病，人们认为这是造成税赋短缺的一个重要原因。周忱让各县在漕运水道旁修建仓库，仓库设"粮头"管理，而不是设"粮长"。如果税赋总额超过六七万石，才设立粮长一人，称为"总收"。并且，官府还要派专人监收粮食，而不是由粮头粮长一人说了算，他们只是履行一下手续。每年上缴中央政府的税赋，并不是收上来多少就交多少，而是按规定的数量交。因为减少了许多中间盘剥的环节，所以上交后总是有余。余下的粮食，继续存在库中，叫做"余米"。一些与税赋有关的花销就从这些余米中支出，不再向农民征收。

第二年地方政府向中央政府交纳税赋的时候，总数就增加余米的百分之六十，第三年则增加百分之五十。这样，中央的和地方的收入都有所增加。

明太祖朱元璋征伐江南的时候，把那里原来元朝政府赏给功臣及子弟的土地都没收了，称为"官田"。以后犯法的恶霸地主们的土地也都没收，充作官田。这些官田租给百姓耕种，收一份租赋，共达二百六十多万石；如果原来地主的租籍仍在，还要征收一份租赋，达二百七十七万石。这样，这一地区的租赋负担比其他府重得多，百姓难以承担。周忱与苏州知府况钟经过一个多月的认真核算，把这里的租赋总数减到七十二万石。其他各府也按照苏州府的办法核定新的租税总额。这样作，表面上看税收减少了，但实际上，因为农民负担减轻了，生产的积极性提高，粮食增产，国家的收入反而多了。

洪熙七年，也就是周忱来到江南的第三年，江南大丰收。除去缴纳租赋，农民手中还有大量余粮。仁宗非常高兴，下诏让各府县以官钞用平价从农民手中购买余粮，贮存备荒。仅苏州府就得米二十九万石。当时全国公侯俸禄、军官的月俸都可以从南方储备的米中支取。

过去，苏松地区输送到南京的租赋，每石要加收六斗的运输费用。现在，由于各地都有了粮仓，不必运往南京。仅这一项，就多得粮食四十万石，加上用官钞购得的粮食，一共达到七十多万石。都在各地建仓储存起来，准备赈灾，称为"济农仓"。这些粮食，每年赈灾后，仍有富裕。运输费用、损耗甚至丢失等等，都从这些粮食中支取。修河工程用粮，以前都是从农民那里征收，现在也从这里取用。

仁宗对周忱在江南的政绩非常满意，下诏嘉奖他。

周忱在江南任职的这些年，州府郡县，不知道何为荒年，应上缴的租赋从来没有拖欠。

在修河治水、盐赋管理、造船管理等方面，周忱也都有自己的建树和成绩。史书说他从政以"爱民为本"，这是他能够取得比较突出的政绩的一个重要原因。

"皎皎者易污"。周忱政绩突出，自然会招致一些人的诬蔑和攻击。仁宗在很长时间内不相信那些谣言和恶意中伤。但后来，有些话他还是听信了。但让周忱离任后，那里的赋税情况很快就会恶化。而百姓心里有数，还在周忱在世的时候，就已经到处有他的生祠了。

（《明史·周忱传》等）

严嵩父子横征暴敛

严嵩世之奸佞，一般地说，奸臣们的"奸"，往往是为了财，因为如果不是私利去驱使，他们就犯不着冒险去耍奸。但是这些人又往往是为财而奸，因奸而亡。严嵩父子就是很好的例子。

明世宗好神仙，想长生。嘉靖七年（1528），他派礼部右侍郎严嵩去祭祀一下武宗的陵墓。回来时，严嵩向世宗禀报说：臣把陛下为先皇造的宝册和神床刚安顿好，天立刻就下起雨来，并出现了彩云，一大群喜鹊围着先皇的陵墓飞翔；当臣把陛下为先皇刻制的石碑沉入汉江的时候，江水的水位立即涨了上来。陛下应该让大臣撰文纪念上天对陛下的爱护，并把它刻成石碑。

听到这套鬼话，世宗大为高兴，世宗不但接受了他的意见，撰文刻石，还把严嵩提为吏部左侍郎。不久，严嵩被调为南京礼部尚书。明朝迁都北京以后，在南京仍设立六部等机构，类似于中央政府的分支。五年后，严嵩以祝贺皇帝生日为名进京，他便因此被留在北京修《宋史》，并被任为礼部尚书和翰林学士。这时候，世宗想要在皇帝经常举行各种大典的明堂同时祭祀天帝和祖先，包括严嵩在内的大臣们都不赞成。但严嵩看出来世宗对大臣们的意见非常不满。几天后，世宗果然在明堂召集大臣们质问这件事。严嵩来了个急转弯，完全顺着世宗的意思说。世宗对严嵩的回答非常满意，赏给他一些金币。严嵩更

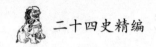

加看出了阿谀奉承的好处。自此，严嵩便在世宗面前极尽阿谀奉承之能事。

他知道世宗爱神仙，便给世宗奉上一个新的尊号，"庆云"，就是五色云，是吉祥的意思，还给皇帝奉上一篇《庆云赋》，为世宗歌功颂德。世宗听后，让把这篇赋送到史馆保存起来，又把严嵩加官为太子太保。

世宗喜欢戴一种称为"香叶冠"的帽子，以为别人也一定喜欢，便作了五顶，赏给他的亲信大臣。首辅夏言不爱戴，这使得世宗为此很不高兴。而当不久世宗把这种帽子赏给严嵩的时候，严嵩不但作出很爱戴的样子，还找块纱把帽子盖上。世宗更加觉得严嵩是自己贴心的人了。

受到皇帝的宠幸，赏赐自然少不了，更主要的是可以大肆贪污和索取贿赂。但当很多人揭发严嵩贪污的时候，世宗却总是为他开脱。嘉靖二十一年，严嵩被拜为武英殿大学士，仍兼管礼部的事。这时的严嵩已经六十多岁了，但他精神矍铄，干劲十足。世宗觉得他很勤快很能干。很多重大的政务都交给严嵩来处理。

时间一久，世宗终于发觉严嵩有点不对劲，对他多少有点疏远。这时，严嵩听说夏言要揭发他和他的儿子严世蕃贪赃枉法的事，心里恐惧，父子二人双双跪在夏言的榻下求情。

严嵩怕人家揭发就是因为他们父子二人干尽了坏事：为了敛财，就要媚上，就要陷害别人，所以人人都痛恨他们。

　　那时倭寇对沿海地区的掠夺搔扰越来越严重，严嵩提拔他的亲信赵文华负责督察军情，赵文华为了报答严嵩，在沿海大肆掠夺搜刮，再把得来了钱孝敬严嵩。结果，边备不但没有加强，反而一天差似一天。

　　严世蕃是贪残无度。抬着筐、拉着箱子到他家送礼的人不绝于路。他对朝内外大小官职的收入情况，特别是贪赃的条件如何，了如指掌，什么官收取多少贿赂都是非常明确的。他在北京修建宅第，占了几条街，还开挖了人工渠引水进入人工湖，那人工湖的水面有几十亩。自家的花园里养着各种珍禽异兽。他带着亲信宾客在里面成天地喝酒作乐。他还到处搜罗古玩字画奇器等等，赵文华之辈到了个新地方就替他搜罗，然后成车地送到他的家里。他听说南昌有个地方有王气，就把那块地夺过来，为自己按王都的规格建宅第。

　　更为严重的是，严世蕃还勾结倭寇，从中取财。有些海盗还经常躲在严世蕃的家里。

　　严世蕃的问题被揭发后，因为太严重，严嵩也救不了他。眼巴巴地看着他被流放。后来，不但儿子保不住了，他自己也被撤职罢官。严世蕃受到重处，严嵩也在被处分后死去，使那些过去不敢揭发他们罪行的人也敢揭发严世蕃了，他的罪状越来越清楚越来越严重，终于被斩首。

　　抄家的时候，从严家抄出黄金三万多两，白银数百万两。

　　　　　　　　（《明史·严嵩传》、《明史·世宗纪》等）

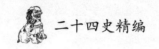

张居正纠正时弊

明朝经过一百五十多年的发展，到中后期，已经是危机四伏，渐露败相。在内部，争权夺势的愈演愈烈，政治腐败日益严重。内部纷争不已，奸雄严嵩入阁干政二十余年，特别是在他担任首辅以后，纠集同党，陷害忠良，贪污成风，贿赂公行，兼并民田，鱼肉百姓，天下乌烟瘴气。在外部，北方的鞑靼部统一了蒙古各个部落，鞑靼部的俺答汗率领蒙古军不断侵扰明朝疆域，甚至三次长趋逼近北京；东南沿海又被倭寇骚扰，不得安宁。

内忧外患，造成了明朝中期以后的经济困难。每年的财政收入，"不能充所出之半"，朝廷便以各种名义加收赋税，什么"加派""提编""箕敛""派括""算税契"等等苛捐杂税，名目繁多，不一而足。百姓叫苦不迭，小规模的农民起义时有发生。

在这种情况下，神宗万历元年（1573），张居正在激烈的争夺和排挤中获胜，出任首辅。为了解决明朝的经济困难，挽救明朝的统治，张居正实行了一系列的改革措施，特别是经济改革。

张居正是江陵（今湖北省江陵市）人，嘉靖二十六年（1547）考取进士，十年后入阁为礼部尚书兼武英殿大学士。

明朝朝廷中直接替皇帝办事的机构叫"内阁"，内阁的成员称
为大学士。其中首席大学士，称为首辅。内阁大学士的品级
（即等级），名义上只是正五品，但他们的实权很大，并且往往
兼任品级更高的其他官职，张居正兼任的礼部尚书，就是正二
品。而"首辅"更是位极人臣，权力更大。这时候原来的首辅
严嵩，已经被罢官，因此张居正有了改革时弊的条件。

除了在政治上整顿吏治、在军事上加强对俺答和倭寇的抵
抗，他把自己主要精力放在经济上。

张居正注意到，土地兼并严重，已经成了当时社会的主要
问题。他在《答山东巡抚何来山》的信中说，"豪强兼并而民
贫失所"，正是百姓逃亡甚至作乱的原因。土地兼并还造成了
"私家日富，公室日贫，国匮民穷"的局面。因此，他先以丈
量土地的办法来解决土地兼并的问题。万历六年，年轻的神宗
皇帝采纳张居正的建议，下诏丈量天下所有的土地，包括豪强
地主和勋戚的土地，并限定三年内完成，而且还规定了丈量的
具体方法。这次丈量，普通百姓不必再为那些逃亡在外的人承
担租赋了。丈量的结果，全国有土地七百零一万三千九百七十
六顷，比弘治年间（1488—1505）在籍数多出来三百万顷。

当然，其中也存在一些问题，因为张居正把丈量出来的数
量越多，越看作功劳大，予以鼓励，有些人为了邀功，就特意
用小弓（丈量用的度量器）丈量。

在丈量成功的基础上，张居正又在万历九年开始向全国推

行"一条鞭法"。"一条鞭法"的基本内容是"总括一县之赋役，量地计丁，一概征银，官为分解，雇役应付"。就是把过去名目繁多的各种赋税徭役合并到一起，一律征收银子。然后由官家按用途分解，雇人从事要由农民负担的徭役等等。特别是"按地计丁"一条，是一项重大的改革。因为过去的徭役是按人口负担，富人合算；而现在改为按土地负担，地多的人当然就不合算了，而那些没有土地只有劳动力的贫苦农民的负担就相对地减轻了许多。统一征银的办法，简化了征收手续，又能够防止豪强地主、贪官污吏从中作弊。"官为分解"一条，也是于贫苦百姓有利的。过去是由粮长、里长等征收和押送赋税徭役，他们常常从中作弊，坑害无靠的贫苦百姓。现在由官家统一征收押送，这一弊病也在一定程度上得到避免。

张居正在改革中还重视水利的作用。他任用水利专家潘季驯督修黄河，筑堤修坝，使黄河不再流入淮河，从而使被黄河淹没了多年的土地又能够耕耘利用。并且，也改善了漕运，漕船可以直达北京。

他还任用户部尚书张学颜整顿财政，建立了一些必要的财政出纳制度。

张居正的这些改革措施，对改善明朝中、晚期的社会经济状况，缓和社会危机，确实起到了一定的作用。改革后，明朝政府太仓的藏粟达到了一千三百余万石，国家储备的银子也有六七百万两之多，使明朝政府的财政危机得到了缓解。

但是，张居正的这些改革措施不能不触犯大地主大官僚集团的利益，因而遭到他们的激烈地反对。万历十年，张居正在进行了十年改革后病死，反对改革的那些大官僚便对他发起了猛烈攻击，还抄了他的家。

（《明史·张居正传》等）

潘季以水治水

黄河是中华民族的摇篮，也是一条世界著名的害河。炎黄子孙之所以在她的两岸繁衍生息，发展发达，使黄河流域长期成为世界上经济最发达的地区之一，是因为自大禹以来，人们在吸吮着她的乳汁的同时，也在同她不驯服的一面，即她的野性，进行着不屈不挠的斗争。

明朝万历元年（1573）以后的一段时间里，黄河几乎年年决口，有时甚至一年数决。万历四年，神宗皇帝根据督漕侍郎吴桂芳的建议，动员了四万四千名役夫，筑堤一万一千多丈，堵决口二十二处，疏通了黄河入海口，水患暂时平息一些。但是不久，黄河又多处决口。这时，有人主张在黄河两岸继续筑堤，有人主张开挖新河，双方争论不休。万历五年八月，在争论双方还没有取得一致意见的时候，黄河再次在崔镇决口（在今安徽省宿迁与泗阳之间），两岸的宿迁、沛县、桃园、清河均受害，并迫使淮河水向南改道。这时，有人提出要堵塞决口，

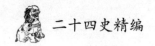

而吴桂芳则认为应该让河水冲开黄河故道。神宗决定先堵决口，然后再按吴桂芳的办法办。可就在这时，吴桂芳去世了。由谁来继续主持治理黄河的工作呢？武英殿大学士、首辅张居正想起了治水专家潘季驯。

潘季驯是乌程（今浙江省湖州市南）人，嘉靖二十九年（1550）进士。在他担任御史巡按广东的时候，就因为推行均平里甲法而受到当地百姓的拥护。嘉靖四十四年，他担任右金都御史总理河道，曾经主持开凿新河。隆庆四年（1570）黄河在邳州（在今江苏省邳县南）、睢宁（今江苏省睢宁县）决口，他负责堵塞决口。因此，他对治理黄河有着比较丰富的经验。万历四年夏，张居正提议任命潘季驯为右都御史兼工部左侍郎，负责整治黄河和淮河。

他面临着严峻的形势。黄河河口已经被淤塞，河水夺淮河之路入海。而淮河没有出路，把洪泽湖的高家堰大坝全冲毁了，（当时的洪泽湖与现在不完全一样）向南流去。而对如何治理这两条河，人们仍就意见不一。有人主张多开几条新河，引黄河水入海；有人仍旧主张堵死崔镇决口，筑长堤挡住河水，让黄河回归故道。这里所说的故道，就是指在山东半岛以南的故道。

为了治河工作能够顺利进行，潘季驯面临的第一个任务就是统一大家的思想。为了能够说服大家，他进行了认真的调查研究。他从虞城（今河南省虞城北）开始，历经夏邑、商邱等地，观察和测量地势，又从旧黄河上游开始，从新集（今河南省商邱北）经过赵家圈、萧县、徐州，了解河水深浅宽狭及历史变迁和为害情况等等。

经过一番认真地调查，潘季驯指出，黄河入海口往上很长的一段河道，有六七里宽，三四丈深。如果要开新河引河水入海，那么这新河道也必须有这样宽这样深，才容得下河水。但这样的工程太大了。所以开新河的主张是不可行的。而旧河口都是淤积的泥沙，用人工挖掘确实很难，但可以用水冲刷，这就叫以水治水。只要我们修好堤坝，迫使河水向淤沙流去，沙就会随水而去，这就是引导河水的办法。要修好堤坝，就必须全部用土，以保证它的强度。要让大堤有足够的高度和厚度，在这上面要不惜花费巨资。堵住崔镇决口后，河水不再旁流，就可以用它的全部力量冲刷故道。黄河水含沙量极高，夏天沙量占六成，秋天枯水时沙量能占八成。水流不够急也达不到冲刷的目的。所以，要把附近的淮河、清江、浦河等河水也用水闸控制起来，必要时引入黄河，以降低含沙量和加强河水的冲刷能力。这样的话，下流的淤沙就会被冲走，入海口也会被冲开，河道也会变宽变深。这就叫借淮之清以冲刷黄河之浊。

潘季驯的分析和策略，大家心服口服。他向神宗上书，把这些想法归纳成治河的六条意见，神宗批准按他的方案治河。

开工后，潘季驯带领民工，共修成高家堰大堤六十余里，柳浦湾堤七十余里，归仁集堤四十余里，堵塞崔镇等处决口共一百三十处，还在徐州、沛县、邳县、宿迁、桃源、清河等县修筑遥堤（防止特大洪水时主堤决口时的副堤）五万六千余丈，缕堤（近河的主堤）一百四十余里，在丰县和砀山各筑一道大坝，还在崔镇、徐升、季泰、三义四处各修筑一个减水石坝，并修建了一些水闸，过去的堤坝也全部修复。全部工程投资白银五十六万两。只一年时间，在万历七年的冬天，全部完成了这项伟大的治河治淮的工程，使两条为害严重的害河同时得到治理。

经过这番治理，黄河和淮河一连几年没有发生过大的灾害，这在黄淮的历史上还是不多见的。

尽管潘季驯为治黄治淮立下了这样大的功劳，但当张居正死后，他只是因为不忍心看着张居正的几十名家属受迫害而死，仗义执言，说了几句公道话，便被削职为民。后来，因为不断地有人替他鸣不平，并且治水的任务又需要他，他的官又得以恢复，让他接受了新的治水任务。他一生共计四次主持治水，都取得了一定的成绩。

（《明史·潘季驯传》《明史·河渠书》）

杨溥慧眼识珠

明代杨溥，字弘济，石首（今属湖北）人。他是建文帝初年进士，授编修。永乐初年，他任太子洗马。永乐十二年

（1414），因东宫遣使者迎永乐帝迟延而被逮，入锦衣卫监，囚禁了十年。在狱中，杨溥表现出非凡的镇定力和涵养。家中人因故曾多次中断供食，此时又不知道永乐帝究竟是何意图，说不定随时都会被处死，而杨溥不以为意，在狱中仍发奋读书，从不间断，经史诸子，他读了数遍。直到明仁宗即位，他才被释放出狱，升为翰林学士，后为太常卿。宣宗即位后，他被召入内阁，与杨士奇共掌机务。他是"三杨"之一，与杨士奇、杨荣一样，历仕四朝，为朝中元老。杨溥质直廉静，胸无城府，以操行见称，平时在朝中，能够平心处事，朝中诸臣都对他十分叹服。当时人评价"三杨"，说杨士奇有学行，杨荣有才识，而杨溥有雅操，都是人所难及的。这种评语，甚为恰当。即从下面所记这件事，也可见杨溥"雅操"的一个方面。

杨溥官至宰相，声名、权势显赫，拍马奉承、扯顺风旗的人自然也就格外多起来。有一次，杨溥的儿子从家乡进京，一路所经之处，州、县官无不殷勤趋奉，待若上宾。临行时，还赠送钱财礼物。只有江陵县令范理毫不理会，丝毫也不肯拍马奉承。杨溥的儿子进京以后，特意将范理对待自己的情景告诉杨溥，满心指望父亲能找个机会给他出出这口气。杨溥听到这事，非常赞赏范理，认为范理才是真正的好官。后来了解到范理确实非常贤能，便将刚刚才做了八个月县令的范理提拔为德安知府。

范理当了德安知府，一些好心人便劝告他，说是按理应该

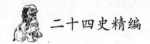

写封信给杨溥，表示表示感激之情。范理果真不愧为一位刚直不阿的官员，坚持不肯给杨溥写信。他对劝他的人说："杨丞相是为朝廷用人，并不是对我有什么私情，我为什么要写信感激他呢？"

（《明史·杨溥传》等）

陈济受教限酒

明人陈济，他天资过人，读书过目成诵。一次，他的父亲命他到钱塘办事，家人为他备办了资费，并带了一批货物。等到回来时，只见他将卖货的钱一半都买了书。他读书口诵手抄，勤奋不已。十几年下来，陈济精通经史百家，博学多识。明成祖下诏修《永乐大典》，陈济被朝中大臣推荐为都总裁，曾棨等修撰都当他的副手。陈济和少师姚广孝等裁定体例，将数百万卷书理得井然有序，让太学中的数千儒生整理编次。参与修撰者凡有疑问，都来向陈济讨教，陈济总是立刻给予解答，表现出广博的学识。

陈济生性谨慎，办事沉稳，连皇太子也十分器重他，凡是修撰古籍之事，都很放心地交给陈济去办。陈济又常常上奏言事，往往提出不少有益的建议。皇帝对他十分信任，让他给五个皇孙传授经书。

陈济身为一个大学者，对母亲却十分孝顺。当他年少的时候，有一次曾经因为喝酒过多而犯了过错。为此事，陈母亲教训了儿子。陈济将母亲的教诲牢记在心中，从此以后，他喝酒就十分注意。一直到他六十二岁去世，他都再也没有喝醉过酒，可说是善于受教。

（《明史·陈济传》）

严讷请客预杜私情

严讷，嘉靖二十年（1541）考中进士，入朝做官，一直做到礼部尚书、吏部尚书。嘉靖四十四年，又兼武英殿大学士，并入参机务。他为官较为关心民生疾苦，因为江南倭寇之患天又降灾，百姓死的死、迁的迁，他请求朝廷减免赋税借贷等，以纾民困。又因为朝廷选用人才太拘于资格，不能尽行录用，更请求朝廷放宽选拔人才的途径，凡有出众政绩者，均破格擢用，量才授官。从而表现了他较为积极进步的观点。

严讷性格谨严，连平时家居的一言一行，都不肯有丝毫的随便，总要按他的固有章程办。有一次，他请江苏金坛县的王宇泰太史为他治病。王宇泰到严讷家中时，太阳才偏西。可一直等到上灯时分，严讷才从里屋出来相见。王宇泰感到十分惊讶，问严讷为何如此，才知道严讷平时一向要到这时候才见客，这一天即使是请医生来为自己看病，他也不肯破例。尽管如此，严讷对家中的仆佣等却非常宽厚，所以家中仆佣在他面前都无所顾忌。他坐在厅堂上会客，下人们往往在一旁嬉笑打闹，有时甚至撞到他的身上，他也只是闪避开，从来不责怪他们。

后来，他被朝廷任命为吏部尚书。这时候正是大奸臣严嵩在当宰相，所以吏治很是腐败。严嵩倒台后，吏治才有所好转，但仍有不少不良现象。严讷在任能洁身自律，努力做到廉洁奉公。《明史》本传记载，严讷曾"与朝士约，有事白于朝房，毋谒私邸"。他之所以跟朝臣们约定有公事在朝廷办公的地方谈，不要私下到家中谈，实际上是为了杜绝请托走后门的营私舞弊现象。

接到吏部尚书的任命后，严讷就吩咐家里人备办酒席。家里人毫不知情，以为严讷要请什么客人。待到酒席准备妥当，问起今天请的客人是谁，严讷对家里上上下下的人说道："今天并没有别的客人，我备办的酒席是特意请你们的。我受朝廷的深恩，被委任为吏部尚书，那就绝不能辜负朝廷对我的信任。我仔细考虑过，如想要彻底杜绝走后门、通关节等营私舞弊的行为，必须首先从你们开始。所以我今天特地邀请你们作客，趁此机会，先把话给你们说说清楚！"讲完这番道理，他又拿出事先准备好的麻将、棋子之类，送给自己的家人们，说道："你们平时如果空闲无聊，可以用这些自己娱乐娱乐，千万不可出门去惹事生非！"亲属们听了他这番正气凛然的话，一个个都深受触动。家中的仆佣们则更是诚惶诚恐，都恭恭敬敬地表示愿听主人的话。于是家中的人一道入席，欢宴一场。

后来一直到严讷从吏部尚书任上退休，他的家属和仆佣等都始终循规蹈矩，没有一个人做接受请托、代通关节之类营私舞弊的事。

（《明史·严讷传》等）

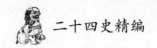

人物春秋

权智枭雄——朱棣

明成祖朱棣，朱元璋四子。有雄才大略，能知人善任。二十三年（1390），同晋王讨伐乃儿不花。晋王因害怕他们而不敢进攻，朱棣火速进至迤都山，大获全胜而回，明太祖十分高兴。此后，朱棣经常率军出征，并受令节制诸王及沿边兵马，使他威名大振。

三十一年（1398）闰五月，朱元璋死，皇太孙（朱允炆）即位，遗诏各藩王都留在各封国中，不要来京师，燕王朱棣从北平赶往（南京）奔丧，听到诏书后就不再前行。当时，诸王多因是皇亲国戚而拥有重兵，大多数都目无王法。建文帝采纳齐泰、黄子澄的建议，想因此由大量削藩。因害怕燕王强大，没敢动手，于是先废除周王朱橚，以此牵制燕王。于是，告讦四起，湘王、代王、齐王、岷王都先后因罪废除。燕王内部也感到危险，便假装有病。齐泰、黄子澄密劝建文帝趁此除掉燕王，建文帝未下定决心。

建文元年（1399）夏六月，燕山百户倪谅告发燕王谋反，逮捕官校于谅、周铎等人并斩杀。（建文帝）下诏斥责燕王，并派官员逮捕燕王府属僚，燕王遂称得了重病。当时，都指挥使谢贵、布政使张昺以重兵把守着燕王府。燕王秘密与僧道衍谋划，命令张玉、朱能等率勇士潜入府内守备。

八月六日，在端礼门隐藏将士诱杀谢贵、张昺，夺得九门。并上书建文帝，指斥齐泰、黄子澄是奸臣，并援引《祖训》"朝中没有正直的大臣，内部有奸贼，那么亲王应该训兵待命，天子应该密诏各位诸王统领镇兵讨平"。上书一发，便举兵造反。此时朱棣自设官吏，称他的军为"靖难"军。起兵后连连攻克怀来、密云、遵化、永平。

八月，建文帝以耿炳文为大将军，率军征讨朱棣。九月十一日，到真定、前锋抵达雄县。十四日，燕王星夜渡过白沟河，围攻雄县，攻克后杀戮一空。十六日，都指挥使潘忠、杨松从鄚州赶来增援，被燕王伏兵擒获，占据鄚州，后又还住白沟。大将军部校张保投降，说大将军有兵三十万，先到十三万，分别在滹沱河两岸。燕王害怕与河北岸军队作战时南面军队趁虚而入，便携带张保而归，还扬言燕王即将帅兵而至，以引诱朝廷军向北渡滹沱河。二十四日，燕王到真定，与张玉、谭渊等夹击耿炳文，大败耿军。并擒获其副将李坚、宁忠及都督顾成等，斩杀三万余人。进而围攻真定，二日不克，退去。建文帝听说耿炳文大败，又派曹国公李景隆代领其军。三十日，江阴

侯吴高以辽东兵围永平。十月十日，李景隆合兵五十万进驻河
间。燕王对其将帅说："李景隆声色严厉，军中混乱，听说我
在一定不敢立即进攻，我们不如先增援永平以牵制其军。吴高
胆小不懂战事，我一到他必定退走，然后回来进攻李景隆。有
坚城在前，大军在后，一定打败他。"十八日，燕王帅兵援永
平。二十四日，吴高听说燕王已到，果然闻风而逃，燕王趁势
追击，大败吴高。

　　冬十一月十三日，用计谋进入大宁城，住了七天，挟大宁
王权，得大宁之地，朵颜三卫全部投降。十六日，至会州。设
立五军：张玉领中军，郑亨、何寿任副将；朱能领左军，朱荣、
李浚任副帅；李彬帅右军，徐理、孟善任副将；徐忠帅前军，
陈文、吴达任副将；房宽率后军，和允中、毛整任副帅。十八
日，军队进入松亭关。李景隆听说燕王出征大宁，果然出兵围
攻北平，他在九门外坚守不战。十二月一日，燕王临时驻扎孤
山，巡逻骑兵回来报告说白河流急不能渡。燕王祈祷于神，说
兵到则冰合，于是调配军士。李景隆暗中派都督陈晖侦察朱棣
的布军情况，从左边绕道朱棣军后。朱棣分军还击，陈晖军士
急先渡河而逃，此时河中冰块突然融解，溺死不计其数。十二
日，又与李景隆大战郑村坝。朱棣用精选骑兵先攻破李景隆七
营，其它诸将相继来战，景隆大败而还。十六日，又上书请求
出征，十二月，李景隆调兵于德州，准备明年大举进攻。朱棣
又计划攻打大同，说："进攻大同，李景隆必定要赶来救援，

大同天气寒冷，南军脆弱，不战也病疲了。"次年受降。

建文二年（1400）春一月二十六日，攻克蔚州。三月十四日，到大同。李景隆果然由紫荆关前来增援。朱棣亲率将士立即调兵居庸，李景隆部属大多被冻死饿死，不见敌人而还。

夏四月，李景隆进兵河间，与郭英、吴杰、平安约定白沟河相会。五月十四日，朱棣扎营苏家桥。十八日，在白沟河侧与平安相遇。朱棣以百余骑在前，假装退却，引诱平安军阵地骚动，然后趁机攻击，平安败走。于是迫近李景隆，初战不利。天黑收兵，朱棣以三骑殿后，夜晚迷失了方向，亲自下马伏地察看河流才辨明东西，渡河而去。十九日，再战。李景隆横阵数十里，破燕后军。朱棣亲帅精骑迎战，斩杀瞿能父子。又令丘福冲击景隆主力部队，不得入。朱棣动摇景隆左军，景隆遂绕至朱棣后边，大战良久，飞箭如雨。朱棣三换其马，矢尽剑断，挥剑折走登堤，佯装引鞭招后继援军状。李景隆怕有埋伏，不敢前进，援军高煦赶到，才解围。当时南军也聚集，燕军将士都大失声色。朱棣气愤地说："我不进攻，敌人就不会退却，还有战斗。"又以劲卒突袭景隆背后，前后夹击，正好旋风四起，李景隆军旗被拆，朱棣趁风放火奋起反击，斩杀数万，溺死者十余万人。郭英溃败西逃，景隆向南逃，朝廷赐给他们的玺书兵器也全部丧失，败走德州。六月一日，朱棣攻入德州，李景隆败走济南。八日，攻济南，大败李景隆于济南城下。铁铉、盛庸坚守，攻攻未下。

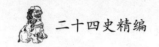

秋九月四日，朱棣解围回北平。同月，盛庸代替李景隆，复取德州，与吴杰、平安、徐凯互为掎角，围困北平。当时徐凯刚到沧州，朱棣佯装出兵攻辽东，到通州后沿河向南，渡过直沽，昼夜兼程。

冬十一月十三日，奇袭并捉纳徐凯，攻陷沧州城，夜里坑埋降兵三千人。于是又渡过黄河经过德州。盛庸派兵来援，被击败。十一月二十七日，到临清。十二月二十二日，打败盛庸大将孙霖于滑口。1401年一月九日，又与盛庸大战东昌，盛庸用火器劲弩尽歼燕军。恰好平安军赶到，合围数重，朱棣大败，破重围免得一死。

三年（1401）一月十五日，在威县、深州大败吴杰和平安军。遂兵还北平。二月二十八日，又帅师南下。四月五日，与盛庸遇于夹河，谭渊战死。朱能、张武殊死战斗，盛庸军退却。时天色已晚，各自敛兵入营。朱棣以十余骑兵逼盛庸宿营野外，到天明一看，已在燕军包围中。乃从容引马，鸣角穿营而去。诸将因天子有诏，不得杀害叔父，仓卒相视，不敢乱发一箭。当天又战，从早七时战到下午三时，两军各有胜负，突然括起东北风，尘埃遮住天空，燕兵大声呼喊，乘风杀敌，盛庸大败。败走德州。吴杰、平安从真定率军与盛庸会合，没走到八十里，听说盛庸兵败的消息，引兵而还。朱棣用计引诱，吴杰、平安出兵袭击。四月二十二日，相遇于藁城。二十三日，两军相战，大风大得拔掉树木，吴杰、平安败走，燕军追至真定城下。五月七日，到大名，听说齐泰、黄子澄已罢免，上书请求停止吴杰、平安、盛庸军队。惠帝派大理少卿薛岩前来报告，要朱棣解甲归藩，赦免无罪，朱棣不奉诏。

夏五月，吴杰、平安、盛庸分兵切断燕军粮饷道路，朱棣派指挥武胜上书，追问缘由，惠帝大怒，将武胜下狱中。燕王派李远袭沛县，焚烧官军粮舟数以万计。

八月十一日，夺取彰德。十八日，降林县。平安乘虚直捣北平，燕王派刘江迎战，平安兵败而逃。房昭屯兵易州西水寨，攻保定，被燕王军包围。

冬十一月七日，都指挥花英增援房昭，被燕军败于峨眉山下，斩杀数万人，房昭弃寨逃走。二十九日，燕军退还北平。十二月二十五日，朱棣亲自作文祭祀南北阵亡将士。当时，燕王举兵已三年。他亲历战阵，冒矢石风雨，身先士卒，常乘胜追击，但也多次处于危险之中。所攻克城邑，兵一走又被朝廷官军占领，仅据有北平、保定、永平三府而已。无可奈何，朝中官员被罢免的纷纷投奔朱棣，尽言京师空虚可取。朱棣慷慨地说："年年用兵，何时结束？要么临江决一死战，不再返顾北面。"一四〇二年元月十五日，又出师。

四年（1402）春二月十三日，从馆陶渡过黄河。三月三日，巡行徐州。四月十一日，平安以四万骑兵追随燕王军，朱棣设埋伏于淝河，大败平安军。二十五日，派谭清断绝徐州粮道，还至大店时，被铁铉军包围。燕王引兵来援，谭清突围而

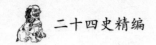

出，合击打败铁铉。

夏五月十五日，朱棣宿营小河，凭小桥而守，平安前来与之争桥，陈文战死。平安军在桥南，燕军在桥北，相持数天。平安转战，与燕王军遇于北坂，朱棣差点被平安长茅刺中。番骑王骐跃入杀阵，拉住朱棣胳膊慌忙逃去。朱棣说："南军饥饿，每隔一二天粮草才送到，突然袭击很容易攻破。"遂命千余人守桥，半夜渡到小河以南，绕到平安军后。等到天明时平安军才发觉，恰好徐辉祖也赶来。五月二十三日，大战齐眉山下。当时，燕军连失大将，且淮土在盛暑蒸热难忍，诸将请求休军小河东边，就麦地形势观察敌军行动。朱棣说："现在敌人长时间饥饿疲劳，断其饷道，可使敌军坐以待葬，不能北渡小河以懈将士士气。"下令想渡河的往左，诸将士争着往左。朱棣气怒大吼说："任你们去吧。"将士都不敢说话。二十六日，何福等宿营灵壁，燕军阻拦其饷道，迫使平安分兵六万人保护。二十八日，朱棣精锐将士从中间进攻，将平安军一分为二。何福丢下灵壁来援，燕军退却，高煦伏兵大起，何福败逃。三十日，逼进敌军营垒，攻破后，擒获平安、陈晖等三十七人，何福因逃走幸免于擒。六月七日，下泗州，拜谒祖陵，赐父老乡亲牛酒。九日，盛庸扼守淮河南岸，朱能、邱福潜过淮河袭击，赶走盛庸，于是攻克盱眙。

六月十一日，朱棣召集诸位将士，讨论行动去向，有的说宜取凤阳，有的说先取淮安。朱棣说："凤阳楼橹完好，淮安积粟较多，不容易攻下。不如乘胜直趋扬州，指向仪真，使淮安、凤阳自受震慑。我耀兵长江上，京师感到孤立无援，必定会发生内变。"诸将士都说此法妙。十七日，兵巡扬州，驻军长江以北。惠帝派庆成郡主到军中，许诺割地求和，朱棣不听。七月一日，防御长江的都督金事陈瑄帅舟师叛变，依附于燕王。二日，祭祀大江。三日，从爪州渡江，盛庸以海艘迎战，失败。六日，下镇江。九日，惠帝又派大臣商议割地求和，诸王相继到来，都不听。十三日，到金川门，谷王朱穗、李景隆等打开城门迎接朱棣，都城陷落。当天，燕王分命诸将把守京城及皇城，还驻龙江。下令抚安军民。大肆搜索齐泰、黄子澄、方孝孺等五十余人，并张榜其姓名称是奸臣。十四日，诸王群臣纷纷上书劝燕王朱棣登基。十七日，燕王拜谒孝陵。群臣为其准备好法架，奉宝玺，迎呼燕王朱棣万岁。燕王登上皇帝宝座，在奉天殿即皇帝位。

永乐二十二年（1421）七月十二日，成祖死，终年六十五岁。

文章万古流　才学辅明帝——刘基

刘基，字伯温，青田人。刘基自幼聪颖异常，他的老师郑复初曾对其父刘炝说："你祖德深厚，这个孩子日后必成大器。"元至顺年间，刘基考中进士，授为高安丞，获得廉洁正

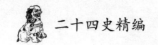

直的名声。行省要提升他，刘基谢绝离去。后来出任江浙儒学副提举，论御史失职之罪，被台臣所阻，刘基两次上奏弹劾，后弃官还乡。刘基博通经史，无书不读，尤其精于天文。

方国珍起兵海上，抢劫郡县，有关官员控制不了他，行省复任刘基为元帅府都事。刘基建议修筑庆元诸城威逼方国珍，方国珍为之气沮。等到左丞帖里帖木儿招降方国珍时，刘基说方氏兄弟首先作乱，不杀他们无以惩后。方国珍心里害怕，重贿刘基，刘基拒受。方国珍便派人从海路行船至京，贿赂掌权者。于是朝廷下诏招抚方国珍，授予他官职，而责怪刘基滥用权利，擅作主张，并让刘基离京去管理绍兴，方氏于是更加骄横。不久，山寇峰涌而起，行省又召刘基前去巢捕，与行院判石抹宜孙一起驻守处州。经略使李国凤将其功劳上奏，主持政事者因方氏之故压制刘基，授他总管府判，却不让他掌握兵权。刘基于是弃官归隐青田，著《郁离子》一书以明志。

朱元璋攻下金华，平定括苍，闻知刘基及宋濂等人钱财招聘，刘基不答应，总制孙炎两次写信坚决邀请，刘基始出。到了应天，刘基陈时务十八策。朱元璋大喜，马上命人建造礼贤馆让刘基等居住，对他们宠爱备至。当初，朱元璋因为韩林儿自称宋朝之后，对其遥相遵奉。每年年初中书省设御座行礼时，只有刘基不拜，并说："韩林儿只是一个牧童罢了，尊奉他干什么？"因此刘基去拜见朱元璋，陈天命之所在。朱元璋向他询问征取之计，刘基说道："张士诚只顾保全自己，不值得担心。陈友谅劫主胁下，名号不正，又地据上游，其心无日忘我，应当先谋取陈友谅，陈氏灭亡，张氏便势孤力弱，一举即可平定。然后北向中原，王业可成。"朱元璋十分高兴地说："先生有什么好计，尽管说出来吧。"当时陈友谅正攻陷太平，谋求东下，势力发展迅速，朱元璋手下有的建议投降，有的建议逃往钟山，只有刘基瞪着双眼不说话。朱元璋便将他召入内室，刘基愤然说道："主张投降或逃走的，应该斩首。"朱元璋便问："先生有什么计策?"刘基回答："陈贼气骄，待其深入，伏兵拦击，将其打败，这很容易啊。天道后举者胜，取威制敌以成王业，就在此举了。"朱元璋采用，引诱陈友谅军到来，然后大败之。朱元璋以克敌之功赏赐刘基，刘基不受。不久陈友谅军复陷安庆，朱元璋打算亲自率军征讨，以此询问刘基，刘基极力赞成，于是朱元璋率军进攻安庆。从早晨到暮色降临，仍未攻下，刘基请求直趋江州，直捣陈友谅的巢穴，于是全军西上。陈友谅始料不及，只得带领妻子儿女逃往武昌，江州遂降。其龙兴守将胡美派他的儿子前来表示诚意，请求朱元璋不要解散他的部队，朱元璋面有难色，刘基从背后踢胡床暗示，朱元璋顿时醒悟，应允了胡美的要求。胡美投降，江西诸郡全被攻下。

刘基丧母时，正值战事紧张，故未敢说，直到这时才请求还乡为母亲举行奠礼。适逢苗军反叛，杀金华、处州守将胡大海、耿再成等，浙东形势动摇。刘基赶到衢，首先为守将夏毅安抚诸属城，再与平章邵荣等谋划恢复外州，于是平定叛乱。方国珍一向害怕刘基，便致信刘基，对其母去世表示悼唁。刘基给方国珍回信，向他表明朱元璋的威德，方国珍于是向朱元璋进贡。朱元璋多次写信到刘基家询问军国大事，刘基都逐条地详细作答，都能切中要害。不久，刘基返京，朱元璋正要亲自率军支援安丰，刘基劝说道："汉、吴都在伺机进攻，我们现在不可轻举妄动。"朱元璋不听。而陈友谅知道后，乘机率军围攻洪都，朱元璋这才说道："我没听你的意见，险失大计。"然后亲自带兵援救洪都，与陈友谅大战于鄱阳湖，一天交战数十次。朱元璋坐在胡床上督战，刘基随侍身旁，忽然跃起大呼，催促朱元璋赶快转移到别的船上去。朱元璋仓促转移到另一小船上，还未坐定，飞炮便将他原来所乘御船击得粉碎，站在高处的陈友谅见御船被毁，大喜。而朱元璋所乘之船只进不退，汉军都大惊失色。当时湖中战斗相持了三日，未决胜负，刘基请求移军湖口以扼住汉军出口，在金木相克的这一天与陈友谅军决战。结果，陈友谅战败，在逃跑途中毙命。其后朱元璋打败张士诚，北伐中原，终于完成帝业，其战略基本与刘基筹划的相附。

吴元年（1367），朱元璋以刘基为太史令，刘基呈上《戊申大统历》。

朱元璋即皇帝位后，刘基上奏制定军卫法。当初确定处州粮税时，仿照宋制每亩加五合，唯独青田县除外，太祖这么说道："要让刘伯温家乡世代把此事传为美谈。"刘基认为宋、元两朝都因为过于宽纵而失天下，所以现在应该整肃纲纪，于是便下令御史检举弹劾，不要有任何顾忌，宿卫、宦官、侍从中，凡犯有过错的，一律奏明皇太子，依法惩治，因此人人畏惧刘基。中书省都事李彬因贪图私利，纵容下属而被治罪，李善长一向私宠李彬，故请求从宽发落，刘基不听，并派人骑马速报太祖，得到批准，刘基便在祈雨时，将李彬斩首。因为此事，刘基与李善长开始有隙。太祖返京后，李善长便向太祖告状，说刘基在坛壝下杀人，是不敬之举。那些平时怨恨刘基的人也纷纷诬陷刘基。当时天旱，太祖要求诸臣发表意见，刘基上奏说："士卒亡故者，他们的妻子全部迁往他营居住，共有数万人，致使阴气郁结。工匠死后，腐尸骨骸暴露在外，将投降的吴军将吏都编入军户，便足以协调阴阳之气。"太祖采纳，但十天过后仍不见雨，故而发怒。此时恰好刘基妻亡，所以刘基请求告辞还乡。太祖正在营造中都，又积极准备消灭扩廓。刘基临走上奏说："凤阳虽是皇上的故乡，但不宜作为建都之地。王保保不可轻视。"不久，定西之役失利，扩廓逃往沙漠，从那时起一直成为边患。这年冬天，太祖亲自下诏，叙说刘基征伐之功，召他赴京，赏赐甚厚，追赠刘基的祖父、父亲为永嘉郡公，并多次要给刘基进爵，刘基固辞不受。

当初，太祖因事要责罚丞相李善长，刘基劝说道："他虽有过，但功劳很大，威望颇高，能调和诸将。"太祖说："他三番两次想要加害于你，你还设身处地为他着想？我想改任你为丞相。"刘基叩首道："这怎么行呢？更换丞相如同更换梁柱，必须用粗壮结实的大木，如用细木，房屋就会立即倒坍。"后来，李善长辞官，太祖想任命杨宪为丞相，杨宪平日待刘基很好，可刘基仍极力反对，说："杨宪具备当丞相的才能，却无做丞相的气量。为相之人，须保持象水一样平静的心情，将义理作为权衡事情的标准，而不能搀杂自己的主观意见，杨宪就做不到。"太祖又问汪广洋如何，刘基回答："他的气量比杨宪更狭窄。"太祖接着问胡惟庸，刘基又回答道："丞相好比驾车的马，我担心他会将马车弄翻。"太祖又说道："我的丞相，只有先生你最合适了。"刘基谢绝说："我太疾恶如仇了，又不耐烦处理繁杂事务，如果勉强承担这一重任，恐怕要辜负皇上委托。天下何患无才，只要皇上留心物色就是了。目前这几个人确实不适合担任丞相之职。"后来，杨宪、汪广洋、胡惟庸都因事获罪。

太祖经常写信给刘基，询问天象，刘基都非常详细地逐条回答，然后将其草稿烧掉。刘基大胆预言说，霜雪之后，必有阳春，现国威已立，应当稍微采用宽大政策来治理天下。刘基辅佐太祖平定天下，料事如神。他性情刚烈，嫉恶如仇，经常与人冲突。直到现在他才隐居山中，只是饮酒下棋，从不提起自己的功劳。县令求见，被拒绝，于是便穿着便服，装成乡野之人去见刘基，刘基当时正在洗脚，便让堂侄将他引入茅舍，以黄米饭招待。县令这时才告诉刘基："我是青田知县啊。"刘基大惊，马上起身称民，然后谢罪离去，终不相见。

　　起初，刘基说瓯、括之间有一块空地，南抵闽界，盐盗的巢穴，方氏便是由此作乱的，故请设巡检司守卫。时逢茗洋逃兵反叛，官吏都匿而不报，刘基便令长子刘琏将此事上奏，但未先通报中书省。胡惟庸当时正以左丞相的身份主管中书省，对以前与刘基的过节怀恨在心，于是便派手下官员攻击刘基，说谈洋这个地方有帝王之气，刘基想将它作为自己的墓地，因为当地百姓不答应，刘基便请求设巡检司将百姓赶走。太祖虽然没有加罪于刘基，但颇为这些言论所打动，因而剥夺了刘基的俸禄。刘基心中害怕，入朝谢罪，然后呆在京城，不敢返乡。不久，胡惟庸当了丞相，刘基悲叹道："若是我的话不应验的话，那便是苍生之福了。"遂因忧愤交加发病。洪武八年（1375），太祖亲自撰文赐给刘基，并派专人护送刘基返乡。到家后，病情加重，便将《天文书》授给长子刘琏，并说："赶快送给皇上，千万不要让后人学习此书。"又对次子刘璟说："为政之事，要宽猛交替。当今之务在于修练德行，减省刑罚，才能祈求上天保佑国运长久。那些战略要害之地，应当与京城遥相呼应，连成一体。我本想上奏一份遗表，但因胡惟庸当朝掌权，这么做毫无用处。有朝一日胡惟庸下台后，皇上必然要想起我，如果他向你问什么的话，便将我所说的密奏皇上。"回家仅一月，刘基便去世了，终年六十五岁。

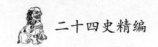

刘基满脸虬髯，相貌堂堂，慷慨而有大节，每当谈论天下大事，便义形于色。太祖知道他非常忠诚，对他委以心腹之任。每次召见刘基，都要避开他人进入内室，单独与刘基长时间秘谈。刘基也自认为自己得不世之遇，所以在太祖面前知无不言。每到紧急危难关头，刘基总是勇气奋发，计策立定，人莫能测，闲暇之时，便敷陈为王之道，而太祖每次都洗耳恭听，常常称刘基为老先生而不叫他的名字，并说："你就是我的张子房啊。"又说："老先生多次以孔子之言来劝导我。"所以，太祖与刘基的帐中秘语，世人所知不详，而世间所传为神奇的，大多只是一些阴阳风水之说，并非刘基的至理名言。刘基的文章气势浩大而奇妙，与宋濂同为一代宗师，他的著作有《覆瓿集》、《犁眉公集》流传于世。

海瑞罢官　屡罢屡迁——海瑞

海瑞，字汝贤，琼山人。中举人。到北京，即拜伏于宫殿下献上《平黎策》，要开辟道路设立县城，用来安定乡土，有见识的人赞扬海瑞的设想。代理南平县教谕，御史到学宫，部属官吏都伏地通报姓名，海瑞单独长揖而礼，说："到御史所在的衙门当行部属礼仪，这个学堂，是老师教育学生的地方，不应屈身行礼。"迁淳安知县，穿布袍、吃粗粮糙米，让老仆人种菜自给。总督胡宗宪曾告诉别人说："昨天听说海县令为老母祝寿，才买了二斤肉啊。"胡宗宪的儿子路过淳安县，向驿吏发怒，把驿吏倒挂起来。海瑞说："过去胡总督按察巡部，命令所路过的地方不要供应太铺张。现在这个人行装丰盛，一定不是胡公的儿子。"打开袋有金子数千两，收入到县库中，派人乘马报告胡宗宪，胡宗宪没因此治罪。都御史鄢懋卿巡查路过淳安县，酒饭供应得十分简陋，海瑞高声宣言县邑狭小不能容纳众多的车马。懋卿气愤，然而他早闻海瑞之名，只得收敛离开，但他嘱咐巡盐御史袁淳治海瑞和慈溪知县霍与瑕的罪。霍与瑕，尚书霍韬的儿子，也是坦率正直不谄媚鄢懋卿的人。当时，海瑞已提拔为嘉兴通判，因此事贬为兴国州判官。过了很久，陆光祖主张文官选举，提拔海瑞任户部尚书。

当时，明世宗朱厚熜在位时间已久，不视朝外处理政务，深居在西苑，专心致志地设坛求福。总督、巡抚等大臣争着向皇帝贡献有祥瑞征兆的物品，礼官总是上表致贺。朝廷大臣自杨最、杨爵得罪以后，无人敢说时政。嘉靖四十五年二月，海瑞上疏说：

臣听说君主，是天下臣民万物的主人，其责任最重大。要名符其实，也只有委托臣工，使臣工尽心陈言而已。臣请竭诚所见。直所欲言，为陛下陈说。

从前汉文帝是贤良君主，贾谊还痛哭流涕而上疏言事。并非是苛刻责备，因汉文帝性格仁慈而近于柔弱，虽有推恩惠到百姓的美德，将不免于怠废，这是贾谊所大为顾虑的。陛下天

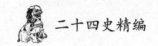

资英明杰出，超过汉文帝很远。然而汉文帝能富有仁义宽恕的性格，节用爱人，使天下钱粮丰富，几乎达到刑具不用的境地。陛下则锐意精心治国时间不长，就被狂妄想法牵涉过去，反而把刚毅圣明的本质误用了。以致说遐举可成，一心一意学道修行，倾尽民脂民膏，用于滥兴土木工程，二十余年不临朝听政，法律纲纪已经废弛了。数年来卖官鬻爵推广开纲事例，毁坏了国家名器。二王不能相见，人认为薄情于父子。因猜疑诽谤杀戮污辱臣下，人们认为薄情于君臣。享乐在西苑不返回大内，人们认为薄情于夫妇。官吏贪污骄横，百姓无法生活，水旱灾害经常发生，盗贼滋蔓炽烈。请陛下想想今日的天下，究竟成了什么样子？

近来严嵩罢相，严世蕃受极刑，一时较快人心。然严嵩罢相之后还像严嵩未任相之前一样而已，世道并不十分清明，不及汉文帝时太远了。因为天下人不用直道侍奉陛下已久。古代君主有过失，依靠臣工扶正补救。现在竟然修斋建醮，大都前来进香，仙桃天药，大家一块奉辞上表祝贺。建筑宫室，则由将作官员竭力经营；购买香料珍宝，则由度支派人四出寻求。陛下的错误举动，而诸臣都跟着错误地顺从，没有一个人肯为陛下端正言论，阿谀奉承得太过分了。然而心中惭愧胆气空虚，退回去又有议论怨言，欺君之罪到了何等地步。

天下，是陛下的家。人没有不顾自己家的，内外臣工都是使陛下的家奠基得如同磐石一样的人。一心一意学道修行，是陛下受迷惑。过分的苛断，是陛下的情偏。然而说陛下连家也不顾，合乎人情吗？诸臣徇私废公，得一官职多因欺诈失败，多因不做任何事情败，实在有不能使陛下满意的人。其实不然，是君主之心和臣下之心偶尔不相遇合造成的，而遂说陛下憎恶卑薄臣工，因此拒谏。用一二个不合意，就怀疑千百个都这样，使陛下陷于有过失的举动中，而安然处之而不知怪，诸臣的罪恶太大了。《礼记》："在上君主有疑心则百姓易迷惑，若在下的人怀奸诈难知其心则在上君治理劳苦。"就是说这种情况。

　　陛下的失误很多，其大端在于斋醮。斋醮的目的是为了追求长生不老。自古圣贤留给后人的训条，修身立命的说法叫"顺理而行，所接受的便是正命"了，没有听说过所谓长生不老的说法。唐尧、虞舜、大禹、商汤、周文王、周武王是圣人中的典范，没有能长久在世，此后，汉、唐、宋至今也已不再存在。授给陛下道术的陶仲文，因此称为师。陶仲文既已死去了，他没有长生，而陛下如何能够单独求到。至于仙桃、天药，怪异虚妄最成问题。从前宋真宗得天书于乾祐山，孙奭说："天如何能说话呢？岂能有书。"桃子一定是采摘后才能得到，药一定是炮制以后才能成。现在无故获得这两样东西，是有脚而能走吗？说"天赐给的"，是上天用手拿着而交给您的吗？这是左右奸邪的人，制造荒唐离奇的事用来欺骗陛下，而陛下误信了他，以为确实这样，错了。

　　陛下又要说标明刑罚奖赏用来督责臣下，则分别职掌治理有人，天下没有不可治，而学道修行为无害已吗？太甲说："有人以言语违背了你的心，一定要用道求其意。有人以言语顺从了你的心，一定要非道来考察。"用人而一定要他一句话也不违背，这是陛下谋划的错误。既而观察严嵩，他主持政务时，有一点不顺从陛下的吗？过去为同心的人，现在成为戮首了。梁材遵守正道坚守职责，陛下认为是叛逆的人，历任都成就好声望，现在在户部做官的人还在称赞他。然而诸臣宁可学习严嵩的顺从，不敢仿效梁材的抗争，难道真没有窥测陛下的细微好恶、而暗暗作为趋吉避凶的人吗？就是陛下又从这些人当中得什么好处呢？

陛下的确知道斋醮没有好处，一旦幡然改悔，每天临朝听政，和宰相、侍从、言官等人，讲论天下利害，雪洗数十年以来的积误，置身在唐尧、虞舜、大禹、商汤、周文王、周武王圣贤君主的行列，使诸臣也得以自己洗净数十年阿谀奉承君主的耻辱，置身于皋陶、夔龙、伊尹、傅说贤明辅臣的行列中，天下有什么忧虑不能治，万事有什么忧虑不能理。这只是在陛下一振作之间而已。放下这些不作，而急迫于轻身能飞脱离世间，枉费精神，用来追求系风捕影、茫然不可知的领域，臣见劳苦一辈子，而最终将一无所成。现在大臣为保持禄位而喜欢阿谀奉承，小臣害怕治罪而不敢说话，臣制止不住自己的愤恨。因此冒着死的危险，愿竭诚挚之情，望陛下听取。

嘉靖皇帝读了海瑞上疏，大怒，把上疏扔在地上，对左右说："快把他逮起来，不要让他跑掉。"宦官黄锦在旁边说："这个人向来有傻名。听说他上疏时，自己知道冒犯该死，买了一个棺材，和妻子诀别，在朝廷听候治罪，奴仆们也四处奔散没有留下来的，是不会逃跑的。"皇帝听了默然。过了一会又读海瑞上疏，一天里反复读了多次，为上疏感动叹息，只得把上疏留在宫中数月。曾说："这个人可和比干相比，但朕不是商纣王。"正遇上皇帝有病，心情闷郁不高兴，召来阁臣徐阶议论禅让帝位给皇太子的事，便说："海瑞所说的都对。朕现在久病，怎能临朝听政。"又说："朕确实不自谨，导致现在身体多病。如果朕能够在便殿议政，岂能遭受海瑞责备辱骂呢？"遂逮捕海瑞关进诏狱，追究主使的人。不久移交给刑部，判处死刑。狱词送上后，仍然留在宫中不发布。户部有个司务叫何以尚的，揣摩皇帝没有杀死海瑞的心意，上疏陈请将海瑞释放。皇帝大怒，命锦衣卫杖责一百，关进诏狱，昼夜用刑审问。嘉靖皇帝死，明穆宗继位，海瑞和何以尚都被释放出狱。

嘉靖皇帝刚死，一般人都不知晓。提牢主事听说了这个情况，认为海瑞不仅会释放而且会被任用，就办了酒菜来款待海瑞。海瑞自己怀疑应当是被押赴西市斩首，恣情吃喝，不管别的。主事因此附在他耳边悄悄说："皇帝已经死了，先生现在即将出狱受重用了。"海瑞说："确实吗？"随即痛苦，把刚才吃的东西全部吐了出来，晕倒在地，一夜哭声不断。被释放出狱，官复原职，不久改任兵部。升为尚宝丞，调任大理。

隆庆元年，徐阶被御史齐康所弹劾，海瑞上言说："徐阶侍奉先帝，不能挽救于神仙土木工程的失误，惧怕皇威保持禄位，实在也是有这样的事。然而自从主持国政以来，忧劳国事，气量宽宏能容人，有很多值得称赞的地方。齐康如此心甘情愿地充当飞鹰走狗，捕捉吞噬善类，其罪恶又超过了高拱。"

经历南京、北京左、右通政。隆庆三年夏天，以右佥都御史身份巡抚应天十府。属吏害怕他的威严，贪官污吏很多自动免去。有显赫的权贵把门漆成红色的，听说海瑞来了，改漆成黑色的。宦官在江南监织造，因海瑞来减少了舆从。海瑞一心兴利除害，请求整修吴淞江、白茆河，通流入海，百姓得到了兴修水利的好处。海瑞憎恨大户兼并土地，全力摧毁豪强势力，安抚穷困百姓。贫苦百姓的土地有被富豪兼并的，大多夺回来交还原主。徐阶罢相后在家中居住，海瑞追究徐家也不给予优待。推行政令气势猛烈，所属官吏恐惧奉行不敢有误，豪强甚至有的跑到其他地方去躲避的。而有些奸民多乘机揭发告状，世家大姓不时有被诬陷受冤枉的人。又裁减邮传冗费，士大夫路过海瑞的辖区大都得不到很好的张罗供应，因此怨言越来越多。都给事中舒化说海瑞迂腐滞缓不通晓施政的要领，应当用南京清闲的职务安置他，皇帝还是用嘉奖的语言下诏书鼓励海瑞。不久给事中戴凤翔弹劾海瑞庇护奸民，鱼肉士大夫，沽名乱政，遂被改任南京粮储。海瑞巡抚吴地才半年。平民百姓听说海瑞解职而去，呼号哭泣于道路，家家绘制海瑞像祭祀他。

海瑞要到新任上去，正遇高拱掌握吏部，早就仇恨海瑞，把海瑞的职务合并到南京户部当中，海瑞遂因病引退，回到琼山老家。

明神宗万历初年，张居正主持国政，也不喜欢海瑞，命令巡按御史考察海瑞。御史到山中审察，海瑞杀鸡为黍相招待，房屋居舍冷清简陋，御史叹息而去。张居正惧怕海瑞严峻刚直，中外官员多次推荐，最终也不任用。万历十二年冬天，张居正已死，吏部拟用为左通政，皇帝向来器重海瑞名，给其前职。明年正月，召为南京右佥都御史，在道上改为南京吏部右侍郎，海瑞当时年已七十二岁了。上疏言衰老垂死，愿意效仿古人尸谏的意思，大略说："陛下励精图治，而治平教化不至的原因，在于对贪官污吏刑罚太轻。诸臣都不能说到其原因，反而借待士有礼的说法，大家交口而文其非。待士有礼，而平民百姓则有什么罪呢?"因而举明太祖刑法剥人皮装上草制成皮囊以及洪武三十年定律枉法达八十贯判处绞刑的规定，说现在应当用这样的方法惩治贪污。其他谋划时政，言语极为切实。只有劝皇帝用暴虐刑法，当时评议认为是错误的。御史梅鹍祚弹劾海瑞。皇帝虽然认为海瑞言论有失，然而清楚海瑞的忠诚，为此免去梅鹍祚俸禄。

皇帝屡次要召海瑞，主持国事的阁臣暗中阻止，于是任命为南京右都御史。诸司向来苟且怠慢，海瑞身体力行矫正弊端。有的御史偶尔陈列戏乐，海瑞要按明太祖法规给予杖刑。百官恐惧不安，都怕受其苦。提学御史房寰恐怕被举发纠正要先告状，给事中钟宇淳又从中怂恿，房寰再次上疏毁谤诬蔑海瑞。海瑞也多次上疏请求退休，皇帝下诏慰留不允许。万历十五年，死于任上。

海瑞无子。去世时，金都御史王用汲去照顾海瑞，只见用葛布制成的帏帐和破烂的竹器，有些是贫寒的文人也不愿使用的，因而禁不住哭起来，凑钱为海瑞办理丧事。海瑞的死讯传出，南京的百姓因此罢市。海瑞的灵柩用船运回家乡时，穿着白衣戴着白帽的人站满了两岸，祭奠哭拜的人百里不绝。朝廷追赠海瑞太子太保，谥号忠介。

海瑞一生的治学，以刚为主，因而自号刚峰，天下称为刚峰先生。曾经说："要想天下清明安定，一定要实行井田，不得已而为限田，又不得已而实行均税，尚可存古人的遗意。"因此自从做县官直至巡抚，所到之处力行清丈，颁行一条鞭法。意图主张在于有利于老百姓，而行事不能没有偏差。

附录：清史稿

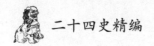

《清史稿》概论

　　《清史稿》，赵尔巽主编，共五百三十六卷，计有本纪二十五卷，志一百四十二卷，表五十三卷，传三百一十六卷，记载上起努尔哈赤在赫图阿拉建国称帝，下至宣统三年（1616～1919），清朝灭亡，前后约二百九十六年的清代史事。

一

　　《清史稿》始修于民国三年（1914）。这年春，北洋军阀政府国务院欲循历代为前朝修史的成例，向总统袁世凯呈请设清史馆，编修《清史》。总统袁世凯接到呈文后，非常高兴。原来这位大总统正准备恢复帝制，因此，他极想笼络清朝遗老，而纂修《清史》正是网罗这些人的绝好机会。修好《清史》，不仅可以文事饰治，同时可以换取前清遗老们对他的拥戴。于是，他欣然批准设立清史馆，同时广罗"海内通儒"，分任纂修之事。清史馆址设立在东华门内。

清史馆设立后，袁世凯延聘赵尔巽为史馆总裁（后称馆长）。赵尔巽欣然从命，并由他聘请组成了纂修班子。当时许多知名人士都被网罗在内，其中绝大多数为前清达官。纂史者先后延聘的有柯劭忞、缪荃孙、王树枏、夏孙桐、马其昶、吴延燮、张尔田、金兆蕃、秦树声、王式通、朱师辙等一百多人。最后总理发刊事宜的是袁金铠，总理校刻事务的是金梁。尚有名誉聘约三百人。真正自始至终参与纂修者不过十余人。纂修班子大体组成后，接着便商讨编纂体例。此事在社会上引起了很大反响，当时参与讨论的人，有馆内也有馆外，包括梁启超在内凡数十人。大抵分为两派：梁启超等少数人主张创新史体裁；另一派以馆内人士居多，主张仍沿用旧史体裁，大体近法《明史》，而稍有变通。最后馆长赵尔巽接受了代表多数人意见的后者，确定以旧史体裁纂修《清史》。其后于式枚等人拟定篇目为：本纪十二篇，志十六篇，表十篇，列传十七篇。后经众人讨论，大体同意了。在编纂过程中，志、表两类篇数未改，但篇目有所变动，如删去《国语志》，增入《交通志》，删去《总理各国大臣年表》，改为《外戚表》，列传也改为十五篇。

之后《清史稿》的纂修，经历了三个阶段：

第一阶级，从 1914 年到 1917 年，是初创阶段。纂修之始，一切处于混乱状态，编修工作没有条例可循，人自为战，如同一盘散沙。馆长赵尔巽虽号称能办事，但无史才，学术著书本非所长，尤其是不善于组织。不仅馆长如此，由于缺乏经验，即使是一些著名学者也没有注意到这一点，结果造成总纂与协修各自任意秉笔，互不相下。参加撰稿的人，情况也非常复杂，不仅水平相差悬殊，而且工作态度也大不一样，许多人懒于翻书考证，再加上无人总阅，所以撰写出来的稿子虽多，但稿子是否能用，却无人过问，甚至彼此互相矛盾。因此，所写成的稿子，大多废弃。

第二阶段，从 1917 年到 1926 年，编纂工作逐渐走上了正轨。经过一段时期的杂乱无章之后，赵尔巽从工作中吸取了一定的经验教训。馆内同仁也逐渐认识到纪、传、志、表各目如果不专任一人以划一体例，不足以撰述，而考核事实，裁定详略、交流所见，更需要总纂与分纂者经常讨论联系，以免互相矛盾。于是，对纂修人员进行了整顿，辞退了一部分人员，使纂修队伍趋于精干；又立专人分别负责纪、传、表、志。这样，纂修工作走上了正轨，大约在1920年，初稿完成。但咸丰、同治、光绪、宣统四朝皆不合用，于是又推柯劭忞、夏孙桐再加整理。这一阶段，正值时局纷乱，纂修工作受到很大干扰。首先是经费紧张，由于减薪欠薪，不少馆员离开了史馆；加上直、奉两系军阀相继开战，东华门时启时闭，史馆工作多停顿。一方面经费不足，一方面馆内议论不定，遂使馆员散去的越来越多，最后终于全面停顿。

第三阶段，从1926年到1927年，为结束时期。清史馆的全部工作停顿一段时间后，赵尔巽即向军阀筹款，有了着落后，立即着手收尾工作。当时留馆人员都很努力。原定用三年的时间对史稿修订完毕，但才过半年，北伐军胜利进军，北京形势危急，赵尔巽感到时事艰虞，更因自己已到了迟暮之年，担心活不到书成之日，便召集馆人会议，决定宣布结束纂修工作，立即付刊。

赵尔巽提出将史稿付印时，遭到了夏孙桐的反对。他认为史稿繁杂、矛盾和错漏之处很多，书法体例也未能划一，不宜刊印。建议仍照计划用三年时间，实事求是，逐加修正，纵然不幸时局有变，导致工作中断，但修正之稿仍在，可供后来者采择，胜过草草印成。但赵尔巽拒绝了他的意见，坚持付刊。他说："我不能刊《清史》，难道不能刊《清史稿》吗？"不久，赵卧床不起，印书之意更切。这时，袁金铠从辽阳来北京，表示愿意任印书之事，赵尔巽便任袁氏总理发刊事宜，金梁任校对，预定一年印毕。

1927年秋，赵尔巽病故，由柯劭忞代理馆长。柯氏因与袁金铠、金梁意见不和，对刊印之事不愿过问，交稿后不阅即交给金梁。金梁因怀有个人目的，对《清史稿》发刊更是迫不及待，他没作细致的校对，即仓卒付印。1928年，全书出齐。

《清史稿》初印一千一百部，凡五百三十六卷，分订为一百三十一册。史稿在付刊时，金梁趁机偷改增删，并私作《校刻记》。书印出后，东三省原预定四百部，金梁在未请示代馆长核准发行的情况下，就将这四百部运往关外，剩下的部分仍留在馆内。1929年，留馆的七百部《清史稿》由故宫博物院接收。原史馆人员检阅全书，发现金梁改史稿，私作《校刻记》，于是众论哗然，指斥金梁无耻。于是召集会议，决定将金梁偷改的部分拆换回原稿，卷首职名、金梁所作的《校刻记》以及增入的张勋、康有为传别除，保持了史稿的原貌。但已运往关外的四百部无法追回。这就形成了最初的两种版本。运往关外的四百部称"关外本"（或"关外一次本"），保持原貌的七百部称"关内本"。

1934年，金梁在东北再次偷印《清史稿》，这一版称为"关外二次本"。此版大部分依关外本，但删去《时宪志》中的《八线对数表》七卷、《公主表序》等，增加陈黉举、朱筠、翁方纲三传，压缩了《赵尔丰传》。总卷数为五百二十九卷。1977年出版的中华书局标点本，即以"关外二次本"为工作本，以标点、分段为重点。凡三种版本篇目，内容不同的地方，标点本都有附注，录出异文，以资参考。这是《清史稿》最好的一种版本，读者利用起来也比较方便。

二

清史馆成立在民国之初，清朝国史馆的资料和清宫的档案文书基本上都还没有散失，因此，纂修《清史》可供采取的史料，特别是官书史料是非常丰富的。《清史稿》所依据的基本史料，大致可分为六项，即史馆大库所藏资料，军机处档案资料；各方略馆所藏各种方略，以及乾隆时从四库中抽出的部分禁书；各部档案和各省巡抚档案；采访书籍；各省图书馆书目。

《清史稿》的资料来源尽管十分丰富，但由于撰稿人的水平和工作态度不一，有些人对史料的选取并不很慎重，这就使《清史稿》部分篇目的史料价值并不高。这是非常遗憾的。

《清史稿》的编纂者们原想把它修成一部流传百世万代，为后人所鉴的巨著，但由于编纂过程中的各种问题，以及编修者的立场问题，使得它刚一问世，即引起了轩然大波，学术界议论纷纷，以致国民党政府出面将其查禁，列为禁书。而政治问题是禁锢《清史稿》的主要原因。审查委员会的呈文最后说，撇开政治问题不谈，象这种错漏严重的官书，已难颁行全国，传给后人，1930年，国民政府据此呈文，宣布《清史稿》为禁书。

《清史稿》失误，大致可分为政治观点和学术水平两个方面。政治观点方面的问题主要表现在以下几个方面：首先，对清王朝和清朝各皇帝极力吹捧。第二，对清统治者的虐政暴行曲为隐讳。如圈地、逃人法和剃发令，是清初三大弊政，给人民带来了深重的灾难，造成了社会的极大动荡和不安，《清史稿》对此不是语焉不详，就是削而不书，读者很难从中找到这方面的记载，更不用说了解事情的始末真相了。"嘉定三屠"可以说是清初的重大政治事件，而该书竟没作记述。清代的文字狱非常残酷，而该书只是略有记述，等等。第三，贬低各族人民的反抗斗争，对起来反对清朝统治的各族人民一概斥之为"土贼"、"海寇"、"盗贼"等。第四，诋毁辛亥革命，詈骂革命烈士。历代编修前朝史书，都是站在本朝的立场上。《清史稿》却一反常例，尊清室而抑民国，纂修者站在已经灭亡的清王朝的立场上，诋毁创立民国政权的辛亥革命。对为创立民国而死难的烈士，《清史稿》也大加挞伐。为藐视民国，《清史稿》对民国以后的纪年多用干支，不用民国年号。第五，称誉晚清遗老，褒奖复辟。《清史稿》对晚清遗老大加称誉，不顾历代修史不为生人立传的常例，为二十多名死于民国的遗老旧臣立传。对张勋复辟，大书特书，不仅为张勋立传，在该传中还将大骂民国的复辟诏书和复辟时任命的大臣名单抄入。

学术方面的失误主要表现在史料采撷不广、繁简失当、疏漏错误甚多，并受旧体例的限制，不能完全反映时代的变化。

尽管《清史稿》存在着许多不足之处，但我们不能因此而否定了《清史稿》本身的使用价值。柴德赓先生在《史籍举要》中认为，《清史稿》"以其内容论，志、表尚属有用，本纪简略，列传最下。"这种评价是比较符合实际的。《清史稿》的价值，正是主要表现在其内容上，它汇集了大量的史料，并对之进行了初步的整理，从而为读者翻检清史的一般史料提供了方便，由于清代的史料非常丰富，而且许多都很容易找到，《清史稿》并不是第一手资料，因此，要研究清代的某一方面的问题，仅凭《清史稿》是远远不够的。但《清史稿》还是可以为我们提供一些基本情况和线索，对一般读者来说，读清史从《清史稿》入手，可收入门之功。

政　略

文宗之言定帝位

至宣宗晚年，以文宗长且贤，欲付大业，犹未决。会校猎南苑，诸皇子皆从，恭亲王奕䜣获禽最多，文宗未发一矢，问之，对曰："时方春，鸟兽孳育，不忍伤生以干天和。"宣宗大悦，曰："此真帝者之言！"立储遂密定，受田①辅导之力也。

（《清史稿·杜受田传》）

【注释】

①受田：即杜受田，时任上书房总师傅。

【译文】

到了宣宗晚年的时候，因为文宗是长子又贤明，宣宗打算把天下交付与他，但还没作出决定。适逢宣宗到南苑打猎，众皇子都随驾，恭亲王奕䜣猎获的禽鸟最多，文宗却一箭也未发。

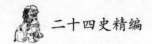

问他，他回答说：“这时正是春天，鸟兽生育繁殖，我不忍心杀生而破坏自然的和谐。”宣宗非常高兴，说：“这真是帝王所说的话！”立太子的事就此暗定下来，这都归功于宣宗师傅杜受田的辅助引导。

张之洞几事

之洞耻言和，则阴自图强，设广东水陆师学堂，创枪炮厂，开矿务局。疏请大治水师，岁提专款购兵舰。复立广雅书院。武备文事并举。同治十二年，兼署巡抚。于两粤边防控制之宜，辄多更置。著《沿海险要图说》上之。在粤六年，调补两湖。

会海军衙门奏请修京通铁路，台谏争陈铁路之害，请停办。翁同龢等请试修边地，便用兵；徐会沣请改修德州济宁路，利漕运。之洞议曰：“修路之利，以通土货、厚民生为最大，征兵、转饷次之。今宜自京外卢沟桥起，经河南以达湖北汉口镇。此干路枢纽，中国大利所萃也。河北路成，则三晋之辙接于井陉，关陇之骖交于洛口；自河以南，则东引淮、吴，南通湘、蜀，万里声息，刻期可通。其便利有数端：内处腹地，无虑引敌，利一；原野广漠，坟庐易避，利二；厂盛站多，役夫贾客可舍旧图新，利三；以一路控八九省之衢，人货辐辏，足裕饷源，利四；近畿有事，淮、楚精兵崇朝可集，利五；太原旺煤铁，运行便则开采必多，利六；海上用兵，漕运无梗，利七。有此七利，分段分年成之。北路责之直隶总督，南路责之湖广总督，副以河南巡抚。"得旨报可，遂有移楚之命。大冶产铁，江西萍乡产煤，之洞乃奏开炼铁厂汉阳大别山下，资路用，兼设枪炮钢药专厂。又以荆襄宜桑棉麻枲而饶皮革，设织布、纺纱、缫丝、制麻革诸局，佐之以堤工，通之以币政。由是湖北财赋称饶，土木工作亦日兴矣。

二十一年，中东事棘，代刘坤一督两江，至则巡阅江防，购新出后膛炮，改筑西式炮台，设专将专兵领之。募德人教练，名曰"江南自强军"。采东西规制，广立武备、农工商、铁路、方言、军医诸学堂。寻还任湖北。时国威新挫，朝士日议变法，废时文，改试策论。之洞言："废时文，非废《五经》、《四书》也，故文体必正，命题之意必严。否则国家重教之旨不显，必致不读经文，背道忘本，非细故也。今宜首场试史论及本朝政法，二场试时务，三场以经义终焉。各随场去留而层递取之，庶少流弊。"又言："武科宜罢骑射、刀石，专试火器。欲挽重文轻武之习，必使兵皆识字，励行伍以科举。"二十四年，政变作，之洞先著《劝学篇》以见意，得免议。

二十六年，京师拳乱，时坤一督两江，鸿章督两广，袁世凯抚山东，要请之洞，同与外国领事定保护东南之约。及联军内犯，两宫西幸无事。明年，和议成，两宫回銮。论功，加太子少保。以兵事粗定，乃与坤一合上变法三疏。其论中国积弱不振之故，宜变通者十二事，宜采西法者十一事。于是停捐纳，去书吏，考差役，恤刑狱，筹八旗生计，裁屯卫，汰绿营，定矿律、商律、路律、交涉律，行银元，取印花税，扩邮政。其尤要者，则设学堂，停科举，奖游学。皆次第行焉。

二十八年，充督办商务大臣，再署两江总督。有道员私献商人金二十万为寿，请开矿海州，立劾罢之。考盐法利弊，设兵轮缉私，岁有赢课。明年，入觐，充经济特科阅卷大臣，厘定大学堂章程，毕，仍命还任。陛辞奏对，请化除满、汉畛域，以彰圣德，遏乱萌，上为动容。旋裁巡抚，以之洞兼之。三十二年，晋协办大学士。未几，内召，擢体仁阁大学士，授军机大臣，兼管学部。三十四年，督办粤汉铁路。

（《清史稿·张之洞传》）

【译文】

张之洞对停战言和不齿，就暗地发愤自强，开设广东水陆军学堂，创办枪炮厂，开办矿务局。上疏建议重点兴办海军，每年拨专款购买军舰，又设立广雅书院，国防军事和文化教育同时并举。同治十二年，张之洞兼任巡抚，对广东广西两省边防控制事宜予以改革。他撰写了《沿海险要图说》上报朝廷。在广东六年后，调任两湖总督。

当时海军衙门奏请修筑京通铁路，御史台官员争相陈述铁路之害，要求停办。翁同龢等要求先在边境试修，便于用兵；徐会沣要求改修德州济宁铁路，利于漕运。张之洞建议说："修铁路的好处，对于流通土特产、方便人民生活为最大，其次是运送军队和粮饷。现在应当从京城外的卢沟桥开始，经河南到达湖北汉口。这一条干路枢纽，是中国许多重大利益之所在。河北铁路修成，则三晋铁路在井陉交汇，关东陇西由洛口连接；在黄河以南，则东连淮河、江苏，南通湖南、四川，万里之外的消息，很快就可相通，其有利之处、方便之处有几条：第一，内处腹地，不必担心外敌；第二，经过平原荒漠，容易避开坟地村庄；第三，沿路工业发达，车站众多，役夫商人可舍旧求新；第四，以一条铁路控制八九省的交通枢纽，人员货物聚集，足以提供所需财粮之源；第五，京城附近万一有事，江南、楚地精兵一个早上就能调集;第六,山西太原铁、煤丰富,交通便利后开采一定更多;第七,海上一旦用兵,漕运可仍然畅通无阻。有这样七大好处,铁路可以分段分年建成。北边责成直隶总督,南边责成湖广总督,河南巡抚也要协助。"圣旨批准下来,便把张之洞调到湖北。湖北大冶产铁,江西萍乡产煤,张之洞就奏请在汉阳大别山下开办炼铁厂,以备修铁路之用,同时开设枪炮炼钢火药专厂。又因为荆州襄阳一带适宜种植桑棉麻而且皮革资源丰富,就开设了织布、纺纱、缫丝、制麻革等局,又修筑堤防,改革币政。从此湖北的财赋比别处丰富,土木工程也日益兴办起来了。

光绪二十一年,中东事情吃紧,张之洞代替刘坤一任两江总督,到任后就巡视长江防务,购买新出的后膛炮,改修西式炮台,设立专门的将领来管理。聘请德国人作军队教练,称为"江南自强军"。采用东西两方的制度,广泛设立武备、农工商、铁路、方言、军医等学校。不久又回湖北任职。当时国家刚刚受挫,朝廷大臣每天谈论变法,科举废掉八股文,改试策论。张之洞说:"废八股文,并不是废《四书》、《五经》,因此文体必须正,命题必须严格。否则国家重视教育的宗旨不能体现,定然导致考生不读经书,背道忘本,这并非小事。现在应当首场考史论和本朝政法,二场考时务,三场考经义。每场都有淘汰,逐步遴选,这样流弊就少了。"又说:"武科应停考骑射、刀石,专考枪炮火器。要扭转重文轻武的旧习,就必须让兵士识字，鼓励士兵参加科举考试。"光绪二十四年，实行变法，张之洞先写了《劝学篇》陈述自己的意见，而没有受到批评。

光绪二十六年，京都义和团起义，当时刘坤一任两江总督，李鸿章任两广总督，袁士凯任山东巡抚，共同邀请张之洞，与外国领事谈判订立东南联保的条约。等到八国联军攻打北京，东西两宫太后西幸而无事。第二年，辛丑条约签订，两宫太后回京。论功行赏，加封张之洞为太子少保。张之洞因为战事稍微有所安定，就与刘坤一一起上了关于变法的三道奏章。其中论述中国积弱不振的原因，应加以变通的有 12 条，应采用西法改革的有 11 条。于是停止捐纳为官，废除书吏，对差役进行查核，减缓刑狱，为八旗子弟筹划生计，裁减屯卫兵数目，淘汰绿营军，制订了矿法、商法、路法、交涉法，流通银元，收取印花锐，扩大邮政。其中最重要的，是开办学校，停止科举考试，奖励出国留学。这些都先后实行了。

光绪二十八年，张之洞充任督办商务大臣，再任两江总督。有个道员私自送给商人万两黄金祝寿，请求在海州开矿。张之洞马上弹劾罢了他的官。又考察盐法的利弊，派兵船缉私，每年有增加的税收。第二年，入宫觐见，充任经济特科阅卷大臣，订立大学堂章程，完成后，仍然命他回湖北任总督。面辞皇上时奏对，要求化解满、汉之间的隔阂，以彰明圣上恩德，防止

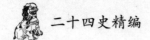

变乱发生，皇上动容。很快就裁减巡抚，让张之洞兼任。光绪三十二年，晋升为协办大学士。不久，宫内召见，擢升他为体仁阁大学士，授任军机大臣，兼管学部。光绪三十四年，督办粤汉铁路。

御 人

心术当慎

（梁）国治笃[①]孝友，与兄孪生，兄早卒，终生不称寿，事嫂如母。治事敬慎缜密。生平无疾遽色，然不可以私干。门下士有求入按察使幕主刑名者，戒之曰："心术不可不慎！"其人请改治钱谷，则曰："刑名不慎，不过杀一人，所杀必有数，且为人所共知。钱谷厉人，十倍刑名，当时不觉。近数十年，远或数百年，流毒至于无穷，且未有已！"卒不许。

（《清史稿·梁国治传》）

【注释】

①笃：重视。

【译文】

梁国治重视孝、友之情，他与哥哥是孪生兄弟，哥哥早亡，他一生不做寿，事奉嫂嫂如事奉母亲一样。办事谨慎周密，从来没有疾言厉色，然而也不能以私情相求。他门下有人请求到按察使手下充当管刑名的幕僚，梁国治告诫他说："办事居心不能不特别慎重！"这个人又请求改管钱粮，国治就说："刑名不慎，不过错杀一人而已，错杀的必定有限，而且人所共知。钱粮上不慎而害人，比刑名厉害十倍，当时还不觉得。短的几十年，长的几百年，流毒无边无际，而且没有休止！"最终没有同意。

法　制

黎士弘断婚案

甲诉乙悔婚。乡俗婚书各装为卷，书男女生辰。两造固邻旧，女生辰所素悉，伪为卷为证。（黎）士弘先问媒证："乙得甲聘礼若干？行聘时有何客？"媒证出不意，妄举以对。复问甲，所对各异。擘①视卷轴，竹犹青，笑诘之曰："若订婚三载，卷轴竹色犹新，此非临讼伪造者乎？"甲乃服罪。

（《清史稿·黎士弘传》）

【注释】

①擘（bò）：剖；分开。

【译文】

甲状告乙悔婚。乡里风俗，婚书分别装成一卷，上面写有男女双方的生辰八字。甲乙两方本来为邻里旧识。乙方女儿的生辰，甲方本已知道，因而伪造婚书，以此为证。黎士弘先问媒人："乙得甲的聘礼有多少？行聘时有什么客人在场？"媒人因为出于意料之外，就胡乱说些物品人名来对答。又以同样的问题问甲，所得的回答不一样，将婚书卷轴剖开来看，竹子还是青的，便笑着质问甲说："如果订婚有了三年，婚书卷轴还是青的，这难道不是告状前临时伪造的吗？"甲方于是认罪。

黎士弘智拿左梅伯

县吏左梅伯有叔富而无子，梅伯纠贼劫杀之，获贼而梅伯逃。（黎）士弘抵任，叔妻哭诉，阴迹梅伯匿安福①势宦家，故缓词曰："此旧事。前官不了，余安能按之？"数月，梅伯归，叔妻复诉，置不问，梅伯且出收叔遗产，叔妻号于庭曰："公号廉明，今宽杀人者罪，且占寡妇田，何得为廉明！"阳怒，批其牍曰："止问田土，不问人命。"梅伯益自得，赴县诉理，乃笑谓曰："候汝三载矣！"批其牍曰："止问人命，不问田土。"梅伯遂伏法。

（《清史稿·黎士弘传》）

【注释】

①安福：县名。今属江西省。

【译文】

　　县衙门的小官左梅伯有个叔叔，很有钱却没有儿子，梅伯纠集了一伙强盗去叔叔家抢劫杀人，强盗被抓获而梅伯却逃跑了。黎士弘到任，被杀叔叔的妻子来哭诉，黎士弘已暗地查访到梅伯藏在安福县一个有权势的大官家，因而故意推诿道："这是以前的案子，我的前任没能了结，我怎么办得了呢？"几个月后，梅伯回来，叔叔的妻子又来哭诉，黎士弘仍置之不理。梅伯又出来接收叔叔的遗产，叔叔的妻子在公堂上号哭道："老爷号称廉明，如今宽赦杀人犯的罪，又听任他占夺寡妇的田户，怎么称得上廉明！"黎士弘装作大怒的样子，在案卷上批道："只问他抢夺田产之罪，不问他杀人之罪。"梅伯更加得意，到县衙来辩讼，黎士弘笑着对他说："我已等你3年了！"在案卷上又批道："只问杀人之罪，不问抢田户之罪。"梅伯于是被处死。

马如龙断案

　　（康熙）十六年，授直隶滦州①知州。州民猾而多盗，如龙锄暴安良，豪右敛迹。州有民杀人而埋其尸，四十年矣；如龙宿逆旅，得白骨，问之，曰："此屋十易主矣。"絷最初一人至，钩其情得实，置诸法。昌

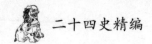

平②有杀人狱不得其主名，使如龙按之。阅状，则民父子杀于僧寺，并及僧五，而居民旁二姓皆与民有连，问之，谢不知。使迹之，二人相与语曰："孰谓马公察，易欺耳。"执讯之，乃服。自是民颂如龙能折狱。

（《清史稿·马如龙传》）

【注释】

①滦州：治所在今河北滦县。②昌平：州名。治所即今北京市昌平县。

【译文】

康熙十六年，马如龙被授为直隶滦州知州。滦州民风刁猾，盗贼猖獗，马如龙除暴安良，豪右销声匿迹。州里有人杀人并掩埋了尸体，一直隐瞒了四十年；马如龙借宿客店，发现白骨，问客店的人，说："这房子已换了十个主人了。"马如龙就把第一个屋主抓来，拷问他供出实情，便把他依法治罪。昌平州有杀人的案子，找不到主谋，请马如龙去调查处理。马如龙翻阅案宗，原来是一家父子被杀于寺庙中，另外还有五个和尚被害，而这一家两边居住的两姓人家都与死者有来往，审问他们，他们却说不知情。马如龙派人跟踪，这两个人在一起说："谁说马老爷明察秋毫，其实很好欺骗。"将这两人抓回衙门审讯，这才服罪。从此老百姓都称颂马如龙善于断案。

军　事

英人占据香港

义律①数索香港，志在必得，琦善当事急，佯许之而不敢上闻。至是，义律献出所据炮台，并愿缴还定海以易香港全岛，别议通商章程。琦善亲与相见莲花城定议，往返传语，由差遣之鲍鹏将事，同城将军、巡抚皆不预知。及英人占据香港，出示安民，巡抚怡良奏闻，琦善方疏陈："地势无可扼，军械无可恃，兵力不坚，如与交锋，实无把握，不如暂事羁縻。"上益怒，诏斥琦善擅予香港，擅许通商之罪，褫职逮治，籍没家产。英兵遂夺虎门靖远炮台，提督关天培死之。

奕山等至，战复不利，广州危急，许以烟价六百万两，围始解，而福建、浙江复被扰。琦善逮京，谳论大辟，寻释之，命赴浙江军营效力。未至，改发军台。（道光）二十二年②，浙师复败，吴淞不守，英兵遂入

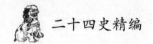

江，江宁③戒严，于是耆英、伊里布等定和议，海内莫不以罢战言和归咎于琦善为作俑之始矣。

（《清史稿·琦善传》）

【注释】

①义律：英国人。清道光十四年（公元1834年）以船务总督身份随律劳卑来华。两年后充任驻华商务监督。林则徐禁烟以后，他是对中国发动侵略战争的主要策划者和指挥者。②道光二十二年：公元1842年。③江宁：今南京市。

【译文】

英国人义律多次索要香港，志在必得，琦善被逼无奈，假装答应了他而不敢报告皇上。到这时，义律交出所占据的炮台，并希望交还定海来换取香港全岛，另外商议通商章程。琦善亲自和他在莲花城见面商订协议。往来传话，由差遣的鲍鹏办理，同城的将军、巡抚都不知情。等到英国人占领了香港，出了安民告示，巡抚怡良上奏了皇上，琦善才上奏章辩解："香港地势不够险要，军械不足依靠，兵力不算强大，如果与英国人交锋，实在没有把握取胜，不如暂时牵制，再作打算。"皇上非常生气，下诏斥责琦善擅自让出香港，擅自允许通商的罪行，撤掉他的官职，逮捕法办，抄没家产。英军便抢占了虎门靖远炮台，提督关天培在此殉难。

208

奕山等人到后，交战又遭失败，广州危急，向英军许诺给烟价 600 万两银子，才得以解围而福建、浙江又被英军侵扰。琦善被抓到京城，定为死罪，不久又被释放，命他到浙江军营效力。还没到浙江，又改派到军台。道光二十二年，浙江军队又打败了，吴淞失守，英军进入长江，江宁戒严，于是耆英、伊里布等签订了《南京条约》。海内人士都将罢战言和归咎于琦善首开恶例。

林则徐禁烟斗英夷

　　（嘉庆）十八年，鸿胪寺卿黄爵滋请禁鸦片烟，下中外大臣议。则徐请用重典，言："此祸不除，十年之后，不惟无可筹之饷，且无可用之兵。"宣宗深韪之，命入觐，召对十九次。授钦差大臣，赴广东查办，十九年春，至。总督邓廷桢已严申禁令，捕拿烟犯，洋商查顿先避回国。则徐知水师提督关天培忠勇可用，令整兵严备。檄谕英国领事义律查缴烟土，驱逐趸船，呈出烟土二万余箱，亲莅虎门验收，焚于海滨。四十余日始尽。请定洋商夹带鸦片罪名，依化外有犯之例，人即正法，货物入官，责具甘结。他国皆听命，独义律枝梧未从。于是阅视沿海炮台，以虎门为第一门户，横档山、武山为第二门户，大小虎山为第三门户。海道至横档分为二支，右多暗沙，左经武山前，水深，洋船由之出入。关天培创议于此设木排铁链二重，又增筑虎门之河角炮台，英国商船后至者不敢入。义律请令赴澳门载货，冀囤烟私贩，严斥拒之，潜泊尖沙嘴外洋。

会有英人殴毙华民，抗不交犯，遂断其食物，撤买办，工人以困之。七月，义律籍索食为名，以货船载兵犯九龙山炮台，参将赖恩爵击走之。疏闻，帝喜悦，报曰："既有此举，不可再示柔弱。不患卿等孟浪，但戒卿等畏葸①。"御史步际桐言出结徒虚文，则徐以彼国重然诺，不肯出结，愈不能不向索取，持之益坚。寻义律浼澳门洋酋转圜，愿令载烟之船回国，货船听官查验。九月，商船已具结进口，义律遣兵船阻之，开炮来攻，关天培率游击麦廷章奋击败之。十月，又犯虎门官涌，官军分五路进攻，六战皆捷。诏停止贸易，宣示罪状，饬福建、浙江、江苏严防海口。先已授则徐两江总督。至是调补两广。府尹曾望颜请罢各国通商，禁渔船出洋。则徐疏言："自断英国贸易，他国喜，此盈彼绌，正可以夷制夷。如概与之绝，转恐联为一气。粤民以海为生，概禁出洋，其势不可终日。"时英船寄椗外洋，以利诱奸民接济销烟。二十年春，令关天培密装炮

械，雇渔船疍户②出洋设伏，候夜顺风纵火，焚毁附夷
匪船，接济始断。五月，再焚夷船于磨刀洋③。谍知新
来敌船扬帆北向，疏请沿海各省戒严。又言夷情诡谲，
若迳赴天津求通贸易，请优示怀柔，依嘉庆年间成例，
将递词人由内地送粤。

六月，英船至厦门，为闽浙总督邓廷桢所拒。其犯
浙者陷定海，掠宁波。则徐上疏自请治罪，密陈兵事不
可中止，略曰："英夷所憾在粤而滋扰于浙，虽变动出
于意外，其穷蹙实在意中。惟其虚骄性成，愈穷蹙时，
愈欲显其桀骜，试其恫喝，甚且别生秘计，冀售其奸；
一切不得行，仍必贴耳俯伏。第恐议者以为内地船炮非
外夷之敌，与其旷日持久，不如设法羁縻。抑知夷情无
厌，得步进步，威不能克，患无已时。他国纷纷效尤，
不可不虑。"因请戴罪赴浙，随营自效。七月，义律至
天津，投书总督琦善，言广东烧烟之衅，起自则徐及邓
廷桢二人，索价不与，又遭诟逐，故越境呈诉。琦善据
以上闻，上意始动。

时英船在粤窥伺，复连败之莲花峰下及龙穴洲。捷
书未上，九月，诏曰："鸦片流毒内地，特遣林则徐会
同邓廷桢查办，原期肃清内地，断绝来源，随地随时，
妥为办理。乃自查办以来，内而奸民犯法不能净尽，外

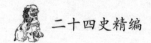

而兴贩来源并未断绝，沿海各省纷纷征调，糜饷劳师，皆林则徐等办理不善之所致。"下则徐等严议，饬即来京，以琦善代之。寻议革职，命仍回广东备查问差委。琦善至，义律要求赔偿烟价，厦门、福州开埠通商，上怒，复命备战。二十一年春，予则徐四品卿衔，赴浙江镇海协防。时琦善虽以擅与香港逮治，和战仍无定局。五月，诏斥则徐在粤不能德威并用，褫卿衔，遣戍伊犁。会河决开封，中途奉命襄办塞决，二十二年，工竣，仍赴戍，而浙江、江南师屡败。是年秋，和议遂成。

（《清史稿·林则徐传》）

【注释】

①葸（xǐ）：害怕；胆怯。②蛋（dàn）户：也称蛋民。水上居民。世代从事渔业和水上运输业，多以船为家。③磨刀洋：磨刀角外海面。磨刀角，在今广东中山市南。清设水师把总防守。

【译文】

嘉庆十八年，鸿胪寺卿黄爵滋提议禁烟；下转朝廷内外大臣讨论。林则徐要求施以严法，说："这个祸害不除掉，10 年

212

之后，不但无法筹集军饷，而且也找不到可以打仗的士兵。"
宣宗皇帝表示同意，命他入宫觐见，接连 19 次召问对答。又授
任他为钦差大臣，赴广东查办禁烟，十九年春，到达广东。总
督邓廷桢已明令禁止贩卖鸦片，加紧捉拿烟犯，外商查顿已预
先逃避回国。林则徐知道水军提督关天培忠诚勇敢，就命令他
整顿军队严加防备。檄令英国领事义律查缴烟土，驱逐囤积鸦
片趸船，勒令交出鸦片两万多箱，林则徐亲自到虎门验收，在
海边焚毁，花了 40 天才销毁完毕。又奏请定下外商夹带鸦片罪
名，按照外国人触犯中国法律的规定，人立即依法处置，货物
没收，并要责令具结。其他国家都依从规定，只有义律支支吾
吾不听从。林则徐于是视察沿海炮台，以虎门为第一门户，横
档山、武山为第二门户，大小虎山为第三门户。到横档的海路
分为两条，右边一条多暗沙，左边一条经过武山前，水深，外
国船只由此出入。关天培提议在这里设置两层木排铁链，又增
修了虎门的河角炮台，英国商船中后到的不敢进入。义律要求
到澳门装货，企图把鸦片交给私贩，林则徐严词拒绝了，英船
就秘密地停止在尖沙嘴外洋。

　　当时有英国人将中国平民殴打致死，英方坚持不交杀人犯，
中方就断了英国使馆的食品供应，撤回买办、工人来惩罚。七
月，义律以寻找食物为名，用货船装载士兵进犯九龙山炮台，
参将赖恩爵将其击退。奏章上报朝廷，皇上非常高兴，说道：
"既然有此举动，不可再示柔弱。我不怕你们鲁莽，只怕你们

胆怯退让。"御史步际桐说具结只不过一纸空文，林则徐认为英国信守已定的诺言，他们越是不肯具结，我们越是不能不向他们索取，林则徐更加坚持自己的意见。不久义律请了澳门的总督来斡旋，愿意让装了鸦片的船回国，货船听任官方查验。九月，商船已经具结开进港口，义律派军船阻拦，开炮来攻打，关天培率领游击麦廷章奋力作战，将他打败。十月，又进犯虎门官涌，清军分五路进攻，六战都告捷。皇上下诏停止与英国的贸易，公布了义律的罪状，敕令福建、浙江、江苏对入海口严加防备。先前已授任林则徐为两江总督，这时又调任两广总督。府尹曾望颜建议停止与各国通商，禁止渔船出洋。林则徐上疏说道："自从断了与英国的贸易，其他国家就很高兴，一边停止贸易，另一边扩大贸易，正好以夷制夷。如果一概断绝贸易，反而要担心他们连成一气。广东人民以海洋为谋生之所，一概禁止出洋，势必一天也不行。"当时英国船只停泊在外洋，用金钱收买渔民与它接应销售鸦片。嘉庆二十年春，林则徐命令关天培暗地装置火炮器械，雇用渔船疍民出海设下埋伏，等到夜里顺风点火，烧掉了为英国人卖鸦片的渔船，与英船的接应就断绝了。五月，在磨刀洋烧毁了英国船只。侦察到消息说新来的敌船向北航行，林则徐就上奏要求沿海各省戒严。又说英国人性情狡猾，如果直奔天津要求开通贸易，建议我方运用怀柔政策，按嘉庆年间惯例，把传递消息的人从内地押送到广东。

六月，英国船只到达厦门，被闽浙总督邓廷桢拦阻。进犯浙江的敌船却攻陷定海，扰掠宁波。林则徐上疏要求治自己的罪，又密陈军事行动不可中止，大略说道："英国人吃亏是在广东，到浙江却滋扰，虽然变动出于意外，英国人的困窘却是在意料之中。只是英国人生性虚荣骄横，越是困窘，越要显得他们桀骜不驯，进行恐吓，甚至别生奸计，图使阴谋得逞；这一切如果不奏效，他们才不得不低头顺从。我担心有人认为内地的船舰枪炮不是外国人对手，与其和外国人旷日持久地对抗，不如想办法给一点好处来笼络他们。岂知外国人贪得无厌，得寸进尺，气焰不能消退，祸害却无穷尽。其他国家纷纷效仿，这些不能不仔细考虑。"便请求戴罪赴浙江，跟随部队效力。七月，义律到天津，给总督琦善写信，说广东焚烧鸦片引起的纠纷，起因在于林则徐和邓廷桢二人，向他们要烟价不给，又遭到辱骂驱逐，所以越过省境到天津申诉，琦善以此报告给皇上，皇上开始动摇了。

当时英国船只在广东窥探，清军又连连在莲花峰下和龙穴洲将其打败。捷报还未呈报上去，九月，皇上下诏书说："鸦片流毒到内地，特派遣林则徐会同邓廷桢一同查办，原先期望肃清内地流毒，断绝鸦片来源，随地随时，妥为办理。然而自从查办以来，对内不能全面处理犯法奸民，对外不能切断贩卖来源，沿海各省纷纷征调军队，浪费饷银，劳累军队，都是林则徐等办理不善所致。"将林则徐等交送法司议罪，敕令他马

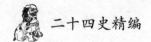

上来京城，派琦善接替。不久决议革去林则徐的职务，命他仍然回广东以备查问。琦善到后，义律要求赔偿烟价，厦门、福州开埠通商，皇上震怒，又命令备战。嘉庆二十一年春，给林则徐四品卿衔，到浙江镇海协助防务。当时琦善虽然因擅自割让香港被逮捕法办，但，是和是战仍然没有定下来，五月，皇上下诏斥责林则徐在广东不能恩威并用，削夺卿衔，流放到伊犁戍边，适逢黄河在开封决口，林则徐在流放途中奉命协助堵塞决口事宜。嘉庆二十二年，工程竣工，仍然上路到伊犁，而此时浙江、江南军队不断打败仗，当年秋天，停战条约就签订了。

理　财

李鸿宾销盐

道光元年①，授协办大学士，仍留总督任。是年入觐，与玉澜堂15老臣宴。帝询淮盐疏销之策，玉庭言："汉口为淮南售盐总岸，向来船到随时交易，是以畅销，自乾隆中立封轮法，挨次轮售，私盐乘间侵越。因胪陈六害，请复旧章，从之。

二年，擢湖广总督。初，湖广行销淮盐，用封轮法，大商垄断，小商向隅。甫改开轮，又有跌价争售之害。鸿宾请设公司，签商经理，无论盐船到岸先后，小商随到随售，大商按所到各家计引②均销。试行两月后，贩运踊跃，著为令。

（《清史稿·李鸿宾传》）

【注释】

①道光元年：公元1821年。②引：盐引。清代盐商纳课、

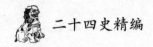

支盐、运销之凭证。

【译文】

道光元年，李鸿宾官授协办大学士，仍留总督任。这一年入朝觐见，参加玉澜堂十五位老臣宴会。皇上询问淮盐行销的对策。孙玉庭说："汉口是淮南淮盐销售的主要口岸，向是船一到就随时交易，所以淮盐畅销。从乾隆年间起实行封轮法，船依次交易，私盐趁机入侵。"随即陈述封轮法的六大害处，请求恢复旧例，皇上批准。

道光二年，李鸿宾升为湖广总督，以前，湖广销售淮盐，用封轮法，市场被大商垄断，小商被排挤。现在刚改为开轮，又有跌价争售的弊病。李鸿宾要求设立公司，与商人签约经销，不论盐船到岸先后，小商人随到随发售，大商人按来的商家所领盐引配销数额分配销售。这一方法试行两个月后，淮盐贩运踊跃，定为法规。

刘纶清俭

（刘）纶性至孝，亲丧三年不御酒肉。直军机处十年，与大学士刘统勋同辅政，有"南刘东刘"之称。器度端凝，不见有喜愠色。出入殿门，进止有恒处。自工部侍郎归，买宅数楹。后服官二十年，未尝益一椽半

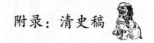

甓^①。衣履垢敝不改作，朝必盛服，曰："不敢亵朝章也！"侍郎王昶充军机处章京^②，尝严冬有急奏具草，夜半诣纶，纶起燃烛，操笔点定。寒甚，呼家人具酒脯，而厨传已空，仅得白枣十数枚侑酒。其清俭类此。

（《清史稿·刘纶传》）

【注释】

①甓（pì）：砖。②章京：指军机处办理文书的官员。

【译文】

刘纶性非常孝顺，为父母服丧的 3 年里不沾酒肉。在军机处供事 10 年，和大学士刘统勋一同辅政，有"南刘东刘"的称誉。他器度端正凝重，喜怒不形于表。在大殿中出入，进退举止都有一定地方。当到工部侍郎时归乡，买了几间房子。后来当官 20 年，未曾添置一砖一瓦。衣服鞋子破烂污旧也不做新的，但上朝一定穿得整齐华美，说："不敢亵渎朝廷圣地。"侍郎王昶当军机处章京，曾经有一次在严冬草拟紧急奏章之后，半夜拜访刘纶，刘纶起床点燃蜡烛，拿起笔修改定稿。天气太寒冷，刘纶叫家里人准备酒肉，而厨房里什么都没有，只拿了十几颗白枣下酒。他就是这样的清正俭省。

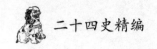

于成龙清廉之事

(康熙)十九年,擢直隶巡抚,莅任,戒州县私加火耗①馈遗上官。令既行,道府劾州县,州县即讦道府不得馈遗挟嫌,疏请严定处分,下部议行。宣化所属东西二城与怀安、蔚州二卫旧有水冲沙压地千八百顷,前政金世德请除粮,未行,为民累;成龙复疏请,从之。又以其地夏秋屡被灾,请治赈。别疏劾青县知县赵履谦贪墨,论如律。二十年,入觐,召对,上褒为"清官第一",因问剿抚黄州土贼状,成龙对:"臣惟宣布上威德,未有他能。"问:"属吏中亦有清廉否?"成龙以知县谢锡衮,同知何如玉、罗京对。复谕劾赵履谦甚当,成龙奏:"履谦过而不改,臣不得已劾之。"上曰:"为政当知大体,小聪小察不足尚。人贵始终一节,尔其勉旃!"旋赐帑金千、亲乘良马一,制诗褒宠,并命户部遣官助成龙赈济宣化等处饥民。成龙复疏请缓真定府属五县房租,并全蠲霸州本年钱粮,均报可。是年冬,乞假丧母,优诏许之。

未几,迁江南②江西总督。成龙先后疏荐直隶守道董秉忠、阜城知县王燮、南路通判陈天栋。濒行,复荐通州知州于成龙等。会江宁知府缺，命即以通州知州于成龙擢补。成龙至江南，进属吏诰诫之。革加派，剔积弊，治事尝至达旦。好微行，察知民间疾苦、属吏贤不肖。自奉简陋，日惟以粗粝③蔬食自给。江南俗侈丽，相率易布衣。士大夫家为减舆从、毁丹垩，婚嫁不用音乐，豪猾率家远避。居数月，政化大行。势家惧其不利，构蜚语。明珠秉政，尤与忤。二十二年，副都御史马世济督造漕船还京，劾成龙年衰，为中军副将田万侯所欺蔽。命成龙回奏，成龙引咎乞严谴，诏留任，万侯降调。二十三年，江苏巡抚余国柱入为左都御史，安徽巡抚涂国相迁湖广总督，命成龙兼摄两巡抚事。未几，卒于官。

成龙历官未尝携家属，卒时，将军、都统及僚吏入视，惟笥中绨袍一袭、床头盐豉数器而已。民罢市聚哭，家绘像祀之。赐祭葬，谥清端。内阁学士锡住勘海疆还，上询成龙在官状，锡住奏甚清廉，但因轻信，或为属员欺罔。上曰："于成龙督江南，或言其变更素行，及卒后，始知其始终廉洁，为百姓所称。殆因素性鲠直，不肖挟仇逸害，造为此言耳。居官如成龙，能有几耶？"是年冬，上南巡至江宁，谕知府于成龙曰："尔务效前总督于成龙正直洁清，乃为不负。"又谕大

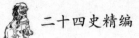
学士等曰："朕博采舆评，咸称于成龙实天下廉吏第一。"加赠太子太保，荫一子入监，复制诗褒之。雍正中，祀贤良祠。

（《清史稿·于成龙传》）

【注释】

①火耗：明清时附加税之一。存留地方，主要用于官吏养廉。②江南：省名，清顺治二年（公元 1645 年）置。治所在江宁府城（今江苏南京市）。康熙六年（公元 1667 年）分为江苏、安徽两省。但此后人们仍习称这两省为江南。③粝（lì）：粗米。

【译文】

康熙十九年，于成龙升为直隶巡抚，他到任，就严禁州县私自增加火耗银贿赂上司。禁令颁行之后，道府劾奏州县种种贿赂事实，州县便状告道府不要把正常送礼和贿赂混为一谈，要求严格确定界限，下部议定执行。宣化府所属东城、西城以及怀安、蔚州二卫原来有沙滩地 1800 顷，前任长官金世德请求免除粮税，没有实行，是农民的负担；于成龙上疏请求免征粮税，减轻农民负担，得到了批准。又考虑到当地夏季秋季经常受灾，请求给予赈济。又另外上疏弹劾青县知县赵履谦贪污，请依法治罪。康熙二十年，进京朝见，皇上召见询问，褒奖他为"清官第一"，并询问进剿黄州土匪的情况，于成龙回答说："臣只是宣扬皇上威德，没有其他能耐。"皇上问他："属吏当中也有清廉的人吗？"于成龙回答说有知县谢锡衮，同知何如玉、罗京清廉。皇上又称赞劾奏赵履谦很对，于成龙说："赵履谦犯错而不知悔改，臣不得已才劾奏他。"皇上说："治政应当懂得注重大体，小聪小察不必崇尚。人所贵的是始终一节，你要好好努力！"随即赏赐黄金1000两，亲乘良马一匹，写诗褒奖，并诏命户部派遣官员协助于成龙赈济宣化等处饥民。于成龙又上疏请求减缓真定府所属五县房租，并全部免除霸州本年钱粮，都得到了批准。当年冬天，于成龙请假为母亲服丧，特诏准许。

不久，于成龙升为江南江西总督。于成龙先后上疏推荐直隶守道董秉忠、阜城知县王燮、南路通判陈天栋。临行前，又推荐通州知州于成龙等。适逢江宁知府任缺，诏命提拔通州知州于成龙补任。于成龙到了江南，把属吏召进来加以告戒。废除加征摊派，改革积弊，治理政事时常通宵达旦。他喜欢微服私访，调查了解民间疾苦，属吏贤与不贤等。日常生活十分俭朴，每天吃的是糙米饭和蔬菜。江南民俗追求华丽，在于成龙的影响之下纷纷改穿布衣。士大夫之家也纷纷减少车马随从、毁除油漆粉刷等装饰，婚嫁不用音乐，土豪恶吏举家远逃。几个月以后，政理教化大为改观。权势之家担心于成龙对自己不利，便散布流言蜚语。明珠执掌朝政，便特别同于成龙作对。

二十二年，副都御史马世济督造漕运船舶回京，劾奏于成龙年纪衰老，被中军副将田万侯欺骗蒙蔽，诏命于成龙回奏，于成龙引咎自责，请求严惩，下诏留任，田万侯降职调任。二十三年，江苏巡抚余国柱入朝为左都御史，安徽巡抚涂国相迁任湖广总督，命于成龙兼摄江苏、安徽两巡抚事。不久，于成龙死于任上。

于成龙任官从未携带家属，去世时，将军、都统及同僚属吏到居室探视，只有竹箱中一件绨袍，床头几个装盐、装豉的器皿。市民罢市哀悼，聚集在一起痛哭，每家每户挂了于成龙的画像祭祀。赐祭仪安葬，赐谥号清端。内阁学士锡住勘察海疆回京，皇上询问于成龙在官具体情况，锡住奏答于成龙非常清廉，只是因为轻信人，有时被属员欺骗。皇上说："于成龙在江南担任总督，有人说他改变了以往的品行，及至他去世之后，才知道他始终廉洁，受百姓称赞。因为他平素鲠直，奸人恶徒挟仇谗害他，做官像于成龙这样，能有几人？"这一年冬天，皇上南巡到达江宁，对知府于成龙说："你务必要像前总督于成龙一样正直清廉，才为不负所望。"又告谕大学士等人说："朕广泛听取了众人的评论，都称赞于成龙确实是天下第一廉吏。"加赠太子太保，荫任一子入国子监，又制诗褒奖。雍正年间，入贤良祠祭祀。

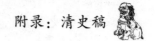

朱其昂创招商局

朱其昂，字云甫，江苏宝山人。同治初，从军攻南汇。城贼愿降，要一人入盟，无敢往者，其昂毅然请入受其降，城始下。旋纳赀为通判，累至道员。北洋大臣李鸿章颇奇其才。福州船政造军舰不适用，奏改商船。其昂与其弟其诏创议官商合办，请设轮船招商局，鸿章上其事，遂檄为总办。御史董俊翰劾以力小任重，下鸿章查复，仍力赞其成。于是官商合力开局集股，并收并外人所设旗昌轮船公司以保航权，数年，成效大著。

（《清史稿·朱其昂传》）

【译文】

朱其昂，字云甫，江苏宝山县人。同治初年，他参军攻打南汇。守城贼兵愿意投降，需要一个人入城订立协议，没人敢去，朱其昂挺身而出进城受降，城才收复。随即他就出钱捐了个通判，一直做到道员。北洋大臣李鸿章惊叹他的才能。福州船政造了艘军舰不能用，奏请改造为商船。朱其昂和他弟弟朱其诏率先提议官商合办，要求设立轮船招商局，李鸿章将这事上奏皇上，于是檄令朱其昂为总办。御史董俊翰弹劾朱其昂能

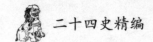

力不足担此大任，皇上下诏让李鸿章调查回复，李鸿章仍极力推举朱其昂。于是官商合力开办招商局，集资入股，并兼并了外商开设的旗昌轮船公司，以保航运主权，几年后，成效非常显著。

李金镛漠河开矿

俄侵占精奇里河①四十八旗屯地，在黑龙江岸东。金镛②争还补丁屯至老瓜林百七十余里，划河定界。漠河者，在瑷珲西，三面界俄，地产金，俄人觊觎之。北洋大臣李鸿章议自开采，以金镛任其事。陆路由墨尔根入，水运由松花江入，各行千余里，僻远无人。披斩荆棘，于万山中设三厂，两年得金三万。事事与俄关涉，难阻百端。又开厂于黑龙江南岸札伊河旁之观音山，皆为北徼名矿。集商贳立公司，流冗远归，商贩渐集，收实边之利焉。

（《清史稿·李金镛传》）

【注释】

①精奇里河：又名结雅河。黑龙江支流。②金镛：即李金镛，江苏无锡人。任吉林知府，晋升道员。

【译文】

俄国侵占了精奇里河 48 旗屯地，位于黑龙江东岸。李金镛与俄国力争，俄国还了补丁屯到老瓜林 170 多里的一段，以河为界。漠河这个地方，座落在瑷珲西面，三面与俄国交界，出产金矿，俄国人垂涎已久。北洋大臣李鸿章建议我国自己开采，让李金镛主管其事。到漠河，陆路从墨尔根走，水路从松花江走，都有 1000 多里远，周围荒僻没有人烟。李金镛披荆斩棘，在群山中建立了 3 座工厂，两年炼得 3 万两黄金。事事都牵涉到俄国，困难重重。又在黑龙江南岸扎伊河旁的观音山开厂，都是北边有名的金矿山。又吸引商人投资，开设公司，流民都从远方回乡，商贩渐渐汇集于此，收到了充实边防的效果。

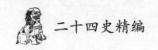

德 操

叶方蔼侍讲

（顺治）十五年，迁左庶子，再迁侍讲学士。十六年，命充《孝经衍义》总裁，进讲《通鉴》。上问："诸葛亮何如①伊尹？"方蔼对曰："伊尹圣人，可比孔子；诸葛亮大贤，可比颜渊。"上首肯。讲《中庸》，上问："知行孰重？"对曰："宋臣朱熹之说，以次序言，则知先行后；以功夫言，则知轻行重。"上曰："毕竟行重，若不能行，知亦虚知耳。"

（《清史稿·叶方蔼传》）

【注释】

①何如：与……如此怎样。

【译文】

顺治十五年，叶方蔼升迁为左庶子，又迁为侍讲学士。第二年，皇上命他担任《孝经衍义》总裁，进宫讲解《资治通鉴》。皇上问他："诸葛亮和伊尹相比怎样？"方苞回答说："伊尹是圣人，可与孔子相比；诸葛亮是大贤人，可与颜渊相比。"皇上点头同意。讲解《中庸》，皇上问："知和行哪个更为重要？"回答道："按宋朝大臣朱熹的学说，以次序来讲，知在先，行在后；从实践角度讲，则是知为轻，行为重。"皇上说："到底还是行为重，倘若不能付诸实行，知也只是虚知罢了。"

马氏《文通》

马建忠，字眉叔，江苏丹徒人。少好学，通经史。愤外患日深，乃专究西学，派赴西洋各国使馆学习洋务。历上书言借款、造路、创设海军、通商、开矿、兴学、储材，北洋大臣李鸿章颇称赏之，所议多采行。累保道员①。光绪七年，鸿章遣建忠赴南洋与英人议鸦片专售事。建忠以鸦片流毒，中外胜谤，当寓禁于征，不可专重税收。时英人持正议者，亦以强开烟禁责其政府，引以为耻。闻建忠言，虽未能遽许，皆称其公。

……建忠博学，善古文辞，尤精欧文，自英、法现行文字以至希腊、拉丁古文，无不兼通。以泰西各国皆有学文程式之书，中文经籍虽皆有规矩隐寓其中，特无

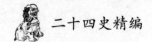

有为之比拟而揭示之，遂使学者论文困于句解，知其然而不能知其所以然。乃发愤创为《文通》一书，因西文已有之规矩，于经籍中求其所同所不同者，曲证繁引，以确知中文义例之所在，务令学者明所区别，而后施之于文，各得其当，不唯执笔学为古文词有左宜右有之妙，即学泰西古今一切文学，亦不难精求而会通焉[2]。书出，学者皆称其精，推为古今特创之作。

（《清史稿·马建忠传》）

【注释】

①道员：古称观察，俗称道台。官名。始设于明代，清沿置，为省之上，府县之上的地方官员。②焉：语气助词，无实际意义。

【译文】

马建忠，字眉叔，江苏丹徒人。年轻时勤奋好学，通晓经史。因有感于当时外国侵略日益加重，就专门研究西学，由朝廷派到西方各国使馆学习洋务。多次上书谈论借款、造路、创设海军、通商、开矿、兴办学校、培养人才等事，北洋大臣李鸿章极为赏识他，建议多被采纳。又累次被保荐为道员。光绪七年，李鸿章派遣马建忠到南洋和英国人就鸦片专卖进行谈判。马建忠以为鸦片流毒深远，国内外人士极力反对，理应通过征税来禁止鸦片，不能为了增加税收而放开鸦片销售。当时英国人中有正义感的，也都谴责英国政府强制别国放开烟禁，并引以为耻辱。听到马建忠的话，尽管不能马上答应，但都认为说的很公正。

……马建忠学识渊博，熟悉精通古文，又特别精通欧洲语言，从英、法等现代语言到希腊、拉丁等古代语言，没有不娴熟运用的。由于看到西方各国都有学习语言的语法书，汉语的经籍尽管都隐含一定句法、文法，却没有人通过比较而揭示出来，这样学者谈起文章来对句子分析感到十分困难，知其然而不知其所以然。马建忠于是发愤新著《文通》一书，按照西方语言已有的语法规则，在我国的经典文籍中寻求其相通相异之处，广征博引，来探讨认识汉语的语法规则，务必要使学习的人明白各种词语意义用法的区别，然后运用到写作中，以求准确适当，拿起笔来不但学习古文有左宜右宜的妙处，即使学习西方古今一切文学作品，也不难融汇贯通。此书一出，学者们都称道它的精深广博，推崇为古今特创之作。

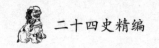

传世故事

武训兴学

　　武训本来没有名字。他是山东堂邑县（在今山东省聊城县西北）的一个乞丐，因为他排行第七，认得他的人，根据民间的习惯，就把他称作武七。那时人们的排行方法，叫作"大排行"，叔叔大爷的孩子们，就是堂兄弟，都在一起排。其实，武训的兄弟并不多，并且，他从小就失去了父亲，是母亲带着他，四处讨饭为生。

　　他逐渐懂事之后，对待母亲非常孝敬。只要讨到钱，就一定要买一点比较好吃的东西给母亲吃。母亲死后，他一面给人家打工，一面讨饭。

　　他最感到遗憾的是自己没有读过书，不识字。因此，他下决心要攒钱办学校，让穷人的孩子能够读上书。他把讨来的钱一点一滴的积攒下来，够一定数目了，就寄存到一位富人的家里。当他已经讨了三十年饭了的时候，他用攒下的钱买下了二百三十多亩地。有这些土地，在当地已经可以算作是一个不小

232

的地主了。但他还是穿着破烂的衣服，白天继续讨饭攒钱，晚上就在自己家里织布。有人见他人老实，能干，就给他提亲，劝他娶个媳妇，他也婉言谢绝了。

又攒了几年，他的钱终于够盖一所小学堂的了，他就用了四千多两银子，在自己的家乡柳林庄办起了一所义学。"义学"就是专收穷人家子弟的免费学校。他把自己的全部土地也都捐给了这所学校，作为学校的财产和经费的来源。这所义学分为两部分，一部分叫作蒙学，就是打基础的部分；另一部分叫作经学，学习四书五经。

开学那天，他先拜先生，后拜学生，然后设宴款待先生。他不上桌吃饭，而是毕恭毕敬地侍立在门外，等老师吃完了，他才吃剩下的饭菜。他说，这是因为他是个叫花子，没有资格同先生身份平等。

以后，他经常到学校来看看。如果遇到先生睡午觉，或者学生正在游戏，他就默默地跪在床边，有时先生为这事大吃一惊。师生们也经常以武七的事迹互相勉励。武七如果听说哪个学生学习不努力，就会难过得落泪。

有一次武七讨饭来到馆陶（在今山东省馆陶县北），遇到一位僧人了证。这位僧人在鸦庄也想办一所学校，钱却不够，武训就赠给了证几百缗，帮助他建成了这所学校。

后来，武训又拿出一千多两银子，在临清（即今山东省临

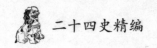

清县）建了一所学堂。

这时，官府也表彰了他的勤勉，还赠给他一个名字叫武训。他建起的这两所小学也都以他的名子命名。

武训终身未娶，却经常拿出钱来周济穷人，也不对别人讲。光绪二十二年（1896），他五十九岁的时候，得了重病，生命垂危。这时，他正住在临清的义学里。他让人把他的病床抬到教室的外面，当他听到学生们的读书声的时候，微笑着离开了人世。

当地人们很怀念他，就为他刻了像。

（《清史稿·武训传》）

丁日昌与清廷第一家兵工厂

丁日昌是广东丰顺人，当过地方武装的头头，后来被选为琼州（即今海南省）府学训导，还当过江西万安的知县。他勤奋好学，对刚刚从西方传入中国的新技术很有兴趣，因此被一意"虚心忍辱，学得西人一二秘法"，提倡洋务运动的李鸿章看中。

同治元年（1862），李洪章写信急招丁日昌来上海，专办军火制造。同治四年，丁日昌在上海四处奔走，买下了美国商人在上海虹口开办的旗记铁工厂。这家工厂被认为是外国人在上海地区开办的最大的一家机器制造厂，它有一些修船的机器设备，还有少量的制造枪炮的设备，能修配轮船和洋枪洋炮。丁日昌原来还在上海开办过一个炮局，这时也同另一个炮局一起合并到这家铁厂中来。这家铁厂此时已拥有三名外国技师和五十多名中国工人，在当时的中国，这已经是具有一定的规模了。这时太平军正对清军的镇压进行顽强的抵抗，屡败曾国藩的湘军和李鸿章的淮军，因此湘军淮军都需要大量的武器，特别是洋枪洋炮。旗记铁厂被丁日昌买过来不久，便利用一台小型蒸气机带动机器开始制造枪炮。

同时，曾国藩还派中国第一个留学美国的容闳带着六万两白银到美国去采购机器设备，买回来后，也并入了这家铁厂，在此基础上建立了"江南制造总局"，这是由清廷政府创办的第一家军火工厂。

曾国藩还主张中国自己制造轮船，丁日昌便接受了制造轮船的任务。同治六年（1867），为了避免中国工人给洋人制造麻烦和扩大生产规模，在李鸿章的授意下，丁日昌又把江南制造总局从已经被美国划为租界的虹口，迁到上海城南高昌庙。在七十余亩土地的厂区内，建造了机器厂、洋枪楼、汽炉厂、木工厂、铸铜铁厂、熟铁厂、库房、煤栈、轮船厂、船坞、中外工匠宿舍和办公楼等一系列厂房、库房和宿舍等设施。以后，它的规模不断扩大，到了同治九年（1870），它已经占地四百余亩。这期间又建成了翻译馆、汽锤厂和枪厂，还在龙华镇建

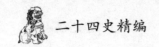

成了火药厂和引信厂。以后的十几年内，又先后建成了黑火药厂、栗色火药厂、无烟火药厂以及火药库，还把汽锤厂改建为炮厂，并相继建设了炮弹厂和水雷厂。光绪十六年（1890）还建成了一座钢厂。初步形成了一套军火生产的体系。

开始时，除了原有设备外，它又自造了三十多台设备。以后陆续制造兵轮（小型军舰）七条和一些小型船只，制成了多种火药四百多万磅、多种炮五百八十五尊、各种枪五万多支、炮弹一百二十多万发、各种水雷五百六十三具，还能自己冶炼制造大炮用的钢。这些武器供应了清政府军队对内镇压和对外战争的需要。它们的质量虽然不很高，但毕竟是中国自己制造自己需要的武器了。因此，丁日昌主持创办的这所江南制造总局，作为一个开端，在中国军事工业的发展中，占有了一定的地位。

它设立的翻译馆，主要是聘请精通汉语的外国人，十几年中翻译了西洋书籍近百种，其中自然科学方面的书籍四十七种，工艺军事方面的占四十五种，起到了在中国传播西方先进科学技术的作用。

丁日昌虽没有自始至终都在江南机器制造总局。但他在江南制造总局历史上的地位不可抹煞。

同治六年，他因为创办江南机器制造总局有功，被提为布政使巡抚江南。当时，台湾有个别少数民族，还处在比较原始的社会状态。他亲自渡海到达台湾，在这些少数民族地区创办学校，教他们识字，教他们耕作技术。他还计划在台湾修筑铁路，开发矿产，造船造机器。当基隆煤矿投入生产时，他亲自计算了煤炭成本，指出，那里的煤每吨成本只有一元三角左右，运至香港可值五六元，每顿可获利三四元。他并因此建议将台湾的煤矿"一律由官买回自办"。

当他因病从台湾回大陆的时候，那里的官吏和百姓流着泪夹道为他送行。他在光绪四年（1878）去世。

（《清史稿·丁日昌传》等）

康熙拘鳌拜亲政

顺治十八年（1661），清世祖福临去世，临终遗诏索尼、苏克萨哈、遏必隆、鳌拜四人同为顾命大臣，共同辅弼年幼的康熙皇帝（圣祖）。但索尼年老，遏必隆懦弱不争，大权实则由鳌拜掌握，只有苏克萨哈与之抗争。

康熙年幼，鳌拜涉政。他与其弟及侄穆里玛、塞本特、讷莫以及班布尔善、阿思哈、噶褚哈、玛尔赛、泰必图、济世、吴格塞等人结党营私，占据朝廷要职。凡遇事都在家中议定，然后再廷宣施行。

康熙帝早就知道鳌拜专横乱政，只是由于鳌拜党羽太多，而且身强力壮，因而一直没有动手剪除。后来康熙帝引进索尼

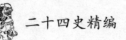

的儿子索额图，让他效力在身边左右，加一等侍卫之衔。经过策划，康熙专门从宫外选进一批少年侍卫，在宫中练习摔跤的"布库"游戏，准备捕杀鳌拜。康熙八年（1669）五月戊申这一天，康熙帝先在宫中埋伏布库少年，再诱鳌拜单身入宫，当即令侍卫逮捕拘禁了他。不久，王公大臣们上议揭发鳌拜之罪。皇帝宣布鳌拜大罪三大条，诛灭他弟及侄穆里玛、塞本特以及讷莫，其党羽班布尔善、阿思哈、噶褚哈、泰璧图、吴格塞等人都被诛杀，遏必隆也被夺籍，同时颁诏说："鳌拜愚昧反动，实该夷灭九族。但他效力时间很长，屡有战功，今免他一死，只将其没籍拘禁。"从此，康熙帝开始亲政。

第二年索额图进为保和殿大学士。康熙十一年（1672），索额图加任太子太傅。康熙四十二年（1703），索额图因为"怙恶不悛，结党妄行，议论国事"而被拘禁，后死在狱中。

（《清史稿·圣祖本纪》等）

陶元淳审案正气凛然

清康熙年间进士陶元淳，授广东琼州昌化知县，委署崖州知州。清代海南岛上的驻军，依仗"天高皇帝远"，无法无天，骄横恣肆。有个守备叫黄镇中，用法律规定之外的酷刑残杀百姓，被杀者的亲属提出控告，游击余虎却不予过问，故意放纵部下。余虎自己也是一个贪得无厌的武官，他曾多次强逼黎族百姓向他献纳财物，岛上百姓怨声载道。

陶元淳上任后，短短几天就收到百姓们控告余、黄等人的诉状一百多起。经过详细查证后，陶元淳条列余虎、黄镇中等人六款罪状呈送上司。余虎闻讯后，唯恐恶事上闻，他竭力向陶元淳表示亲善，并馈送白银一百两，恳求他停止追究。陶元淳严词拒绝了余虎的收买，继续追查此案。余虎大怒，采取以攻为守的策略，书写揭帖，制造谣言，给陶元淳审办此案制造种种麻烦。

当时的两广总督石琳，见到揭帖后，指令琼州镇总兵参与会审此案。陶元淳对这一越法决定坚决予以抵制，他向上司发出申述说："按国家法律，私人揭帖不应传发审理，镇将不得干预地方政事。倘若一定这样做，其结果必然会挫伤地方官员的任事积极性，使他们灰心。我陶元淳宁可弃官不做，以维护国家政体的尊严，而决不会匍伏在目无法纪的武官面前，使州县守令蒙羞！"他总算顶住了让总兵会审的指令。

当他开始审理黄镇中非法杀人一案的时候，一贯横行无忌的黄镇中竟然命令全副武装的兵士一百人气势凶凶拥进知州衙署进行威胁。州里的衙役吓破了胆，纷纷后退。陶元淳正气凛然，怒眼圆睁，重重在桌案上拍了一掌，站了起来，大声斥责道："本州奉命审理案件，黄镇中作为被告，竟敢以守备之身带兵胁持，藐视国法，目无官府，这不是造反又是什么！"黄

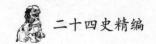

镇中被陶元淳的严正气势慑服了，连忙叫兵丁退了下去。

审讯的结果，判了黄镇中有罪，依法作了处置。消息传出之后，崖州百姓无不拍手称快，他们说："黄镇中尽管有余虎撑腰，还是敌不住陶知州的冲冠一怒。"从此，驻军官兵的行为有所收敛。每当陶元淳有事到府，总兵就得警告下属道："陶元淳来了，少出去惹事！"

可是，总督石琳对于陶元淳的倔强抗命，却一直耿耿于怀，多次借故整他，又想在三年一次考核外官的"大计"中，以不合格为由，将他劾罢。但新任广东巡抚萧永藻不同意，他心想："我刚刚到任，就弹劾一个颇有清正名气的知县，以后怎么领导属员？"经他对总督婉言劝解，陶元淳才免遭斥黜。

（《清史稿·循吏传》）

武亿怒斥京官

清代乾隆年间的著名学者武亿，擅长金石文字之学。他仅当过七个月的知县，但政绩赫然，举世为之注目。

乾隆五十七年，把持朝政的大学士和珅，又兼领步兵统领。他不知从哪里听说山东的一个造反组织的头头王伦，并不像一般人说的那样已经死了，而是还在进行隐蔽活动。和珅便秘密派遣许多番役，四出寻踪查访。以杜成德、曹君锡为头目的一批十三人进入山东。他们带着武器，横行各州县间，不用说老百姓不敢惹，就是地方官吏也不敢稍有得罪。

杜成德等人来到了山东博山县，他们盛气凌人地闯进一家又一家的酒店饭店，狂呼叫啸，恣意纵饮。刚上任不久的知县武亿，进士出身，性格正直豪放，听说有外来差役横行，勃然大怒，马上派出衙役多人，将那伙飞扬跋扈、招摇过市的差役押到县衙。

杜成德被押到武亿面前，县里的衙役要他跪下，他不仅不跪，反而更加气焰嚣张地疯狂咆哮。他拿出自己的出差令牌，恶狠狠地往堂上一扔，瞋目厉声，对着知县吼叫道："我等遵奉京师九门提督府牌，出京缉拿要犯，你是个什么官，胆敢阻挠我等行动！"

武知县拿起令牌，扫了一眼，放在桌上，大声叱斥杜成德道："令牌令你到地方后，报告有司衙门，求得协助缉捕，你等来到博山已有三天，不来拜见县官，这不叫违令，又叫做什么？而且令牌清楚写明只有差役二人，其他十一人都是干什么的？"杜成德没有想到还有不怕和相的七品知县。他被武亿的威势慑服了，一时无言可答，但还是桀傲不驯，凶焰不减。武亿喝令县役，将违法扰民的差役杜成德重杖数十。当地百姓闻讯，无不拍手称快。

可是，武亿的行动引起了山东地方长官的恐惧和怨恨。他们纷纷抱怨武亿行事卤莽，给地方闯了大祸。山东巡抚吉庆马上以杖责九门提督差役的罪名，上疏劾奏武亿，并将奏疏副本抄呈和珅。老奸巨猾的和珅心想，按法律条例规定，九门提督不应当向京城以外派出差役；而你吉庆这般张扬其事，明为弹劾武亿，实际上无异于揭露我派遣差役出京的不当，这不是在暗地表彰武亿是一个强项县令吗？想到这里，和珅冷冷一笑，命人将奏疏副本退给山东巡抚。吉庆其实只是胆小怕事，只顾保全自己，并没有想得那么多。讨了这个没趣之后，别无他法，只好同僚属们想了一个任性行杖，滥责平民的莫名其妙的罪名，弹劾武亿，而煞费苦心地避开了直书其事。武知县就由此被罢官了。从他就任到撤职，仅仅七个月。

当武亿被罢官的消息传出后，博山的老百姓扶老携幼，一千多人前往拜见巡抚，要求留下这个难得的好官。吉庆见此情景，也颇受感动，他对百姓们说："我一定设法还你们的好知县，你们先回去看我的行动。"老百姓们又来到武亿暂住的地方，给他送柴送米，求他千万不要马上回乡。

山东巡抚吉庆也确实有些后悔，他进京觐见时，就带着武亿一同前往，意在帮他筹集金钱，谋求捐复官职。进京后，大学士阿桂怨他说："国家条令原本禁止番役出京，你怎么这样糊涂，竟然隐去真相，将依法行事的县令劾罢？"可这时和珅总揽大权，吏部由他控制，驳回了让武亿复职的请求。不过，从此和珅再也不敢派遣差役出京了。

几年以后，乾隆皇帝一死，和珅也就倒了台，大臣们纷纷举荐武亿。嘉庆皇帝即刻下令吏部调取武亿进京引见。当河南偃师县的知县捧着檄文来到武亿家里的时候，武亿已经在一个月前死了。

（《清史稿·武亿传》）

李毓昌壮志未酬

嘉庆十三年，苏北淮安一带发生水灾，地方政府拨款进行了赈灾救济工作。第二年，两江总督铁保委派新分发来的候补知县李毓昌，前往淮安府所属山阳县核查赈灾情况。

李毓昌新中进士，初踏官场，一腔热血，亟想报国安民。他带着仆人李祥、顾祥、马连陞三人，急忙赶到山阳。他走村串户，访问灾民，了解了许多救灾工作中骇人听闻的贪赃现象，特别是查得山阳知县王伸汉浮开灾户、冒领赈款的行为，使他感到愤怒。他详列清单，准备具文上报。

李毓昌的仆人李祥是个奸诈狠毒的家伙，他和王伸汉的仆人包祥又是朋友。李祥悄悄地将自家主人已经掌握王伸汉冒领赈款的事告诉了包祥，并说主人正准备具文上报。包祥又将消息传给了王伸汉。王伸汉心里有鬼，极为恐惧，先是想通过李祥贿赂李毓昌，但遭到了李毓昌的拒绝。于是，王伸汉就和包祥、李祥密谋盗走他的调查材料，又没有成功。王伸汉无计可

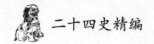

施，只得与李祥等人串通，计划对李毓昌狠下毒手了。

当李毓昌调查完毕，即将离开山阳时，王伸汉置酒为他饯行。李毓昌克制着内心的鄙视，礼节性地应邀出席。晚上回到寓所后，口渴要茶喝，李祥将放有毒药的水端给了他。睡了一会，腹痛难忍，挣扎着要起来。这时，包祥急忙过来从后面抱住他的头部，李毓昌觉得有些不对，怒目而视，叱问道："你想干什么！"李祥在旁边狞笑着说："我们不想再伺候你了。"马连陞解下自己腰间系的带子，四仆一齐动手，竟将李毓昌活活勒死。然后，他们将尸体挂在梁上，急忙跑到县里报告说，主人于半夜自缢身亡。王伸汉故作吃惊，当即前来看验，自然也是以自缢上报。淮安知府王毂，是王伸汉一党，他也派人前来检验。验尸人向他报告说："发现尸体口中有血。"王毂大为不满，将验尸人杖责一顿，仍然以自缢上报。

几天以后，李毓昌的族叔李太清一行从山东即墨老家前来接回遗体。李太清等人在清理李毓昌的遗物时，从一本书中发现夹有一页纸片，上面写道："山阳知县冒赈，以金钱贿买毓昌，毓昌不敢受，深恐上负天子，下愧灾民。"明显这是他写给总督的呈文的残稿，李祥等人未曾找到，侥幸存留下来。

李太清回家后，家人开棺看视，深信是被谋害而死。李太清立志要为侄儿伸冤雪恨，他马上前往北京，到都察院告了状。嘉庆皇帝命山东巡抚吉纶、按察使朱锡爵主持开棺验尸。经过

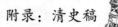

水银洗刷、蒸骨检验等技术分析，确认李毓昌是中毒而未曾死，又被缢杀的。吉纶复奏后，皇帝命逮王毂、王伸汉及诸仆来刑部会审，各犯一一供认不讳，冤情于是大白。

结果，处王伸汉、包祥、顾祥、马连陞等斩刑，王毂绞决。又命将恶仆李祥押至山东，在李毓昌墓前，先刑夹再处死，并挖出心肝祭奠死者。其他有关失职官吏，总督铁保、同知林永升均革职，遣戍乌鲁木齐。巡抚汪日章革职。江宁布政使杨护、江苏按察使胡克家革职留河工效力。其余佐贰杂职，徒流杖责者有八人。案定以后，又追赠李毓昌知府衔，赐其嗣子举人身分。李太清本是武秀才，亦赐武举人身分。嘉庆皇帝还亲撰《悯忠诗》三十韵，刻于墓碑，以示旌表。

（《清史稿·李毓昌传》）

邵晋涵受教苦读成才

邵晋涵是清代著名学者，字与桐，号二云，南江余姚（今属浙江）人。

邵晋涵少年时，晚上总是和祖父邵向荣一道睡。邵向荣是个有心人，一心要把邵晋涵培养成才，所以对他的学习督促甚严。每到深夜，邵向荣只要一觉睡醒过来，总是抓住邵晋涵的腿，把孙子摇醒，叫他背诵白天所读的书；或者举出经籍史书中的疑难之处，耐心地讲解给他听。有时候，又列举前代名贤

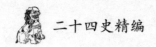

的种种事迹，教育邵晋涵。如果邵晋涵记不住祖父所讲授的东西，邵向荣就一直摇着他，不让他安然入睡，直到邵晋涵牢记不忘为止。

邵向荣向来以这样的方法督促孙子读书。以今天的眼光看来，邵向荣这种教育方法不顾及青少年的身体健康，未免有过于残酷之嫌。然而正是近乎残酷教育方式，才造就了一位知名的学者。乾隆三十六年（1771），邵晋涵一举考中了状元，入朝为官。他曾以翰林院编修的身分，参与编纂《四库全书》，具体负责史部的修纂工作；并和当时任《四库全书》总纂官的学者纪昀一起，撰成《四库全书总目提要》。又曾从《永乐大典》这部大型类书中，辑出薛居正所撰的《旧五代史》，并根据《册府元龟》、《太平御览》等书籍以补其缺，又参考通鉴、长编及各种史书及宋人笔记、碑碣等加以辨正，使该书得以复传。特别是他对经学颇有研究，有《孟子述义》、《谷梁正义》、《尔雅正义》、《韩诗内传考》等，另还有《輶轩日记》、《南江诗文稿》、《皇朝大臣谥迹录》、《方舆金石编目》等著作传世。

（《清史稿·邵晋涵传》等）

徐乾学藏书以留后人

清人徐乾学，字原一，号健庵，昆山（今属江苏）人。他是明末清初著名思想家、学者顾炎武的外甥。康熙九年

（1670）考中进士，便入朝为官，后来做到礼部侍郎、左都御史、刑部尚书等。

从政治上看，徐乾学并无多少政绩。有一次，户部郎中色楞额等向朝廷建议禁用明代旧钱，一律改铸新钱使用。徐乾学力陈不可采取这种办法，历朝以来，都是新旧钱混合使用，以利于百姓，否则，就会造成社会的混乱。他又考证从汉代到明代新旧钱兼用的史实，汇集起来上奏朝廷，终于被皇帝采纳，没有禁绝旧钱。这件事，可以算作是他的政绩之一。然而，他还是在史书中留下了一些不太好的事迹。但是，作为一个文人，徐乾学曾主持修撰过《明史》（任总裁官）、《大清会典》、《大清一统志》（均任副总裁官）。又集唐、宋、元、明历朝解经之书，编成《通志堂经解》；纂集历代丧制，编成《读礼通考》等，在文化史上作出了一定的贡献。而他一生中最成功的，恐怕要算作一个藏书家。

据史料记载，徐乾学自幼就十分喜爱读书、抄书、藏书。到清初时，恰逢战乱之后，徐乾学除自己精心搜求外，还托门生故吏于各地代为搜集，所以"南北大家之藏书，尽归先生"（黄宗羲语），藏书多达数万卷。他精心建造了一座楼房，专作藏书之用。他收藏的各种图书，共装了七十二书橱。楼房建成以后，徐乾学把自己的儿子们全都叫到楼上，语重心长地对他们说："许多做上辈的都给子孙们留下田地钱财，但子孙们却

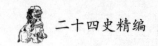

不见得能世世代代都富裕；也有的给子孙们留下金银珠宝，也未必能够世世代代保藏；还有的给子孙们留下亭台楼阁，后代却不一定能够世世代代保有。我并不想学这些人的榜样，我给你们留下什么样的遗产呢？留给你们的，就是这满屋子的图书！"看来，徐乾学认为给子孙们留下物质财富并不是很明智的，给子孙们留下可以借此增长知识、培养才能的精神食粮——书籍，这才是最聪明的。

因此，徐乾学将自己的藏书楼命名为"传是楼"（"是"是这、这个的意思，指书籍）。不仅如此，徐乾学还精心整理自己的藏书，编成《传是楼宋元本书目》一卷、《传是楼书目》八卷，以便他的子孙们能更方便地利用他所留下的藏书，求得学问，增长知识才能。

遗憾的是，徐乾学将藏书传给子孙的梦想并没有能够实现，后来他的藏书由于种种原因，大多归了别人。

（《清史稿·徐乾学传》等）

曾国藩严教亲属

曾国藩，道光十八年（1838）进士，是大学士穆彰阿的门生，官至两江总督、直隶总督，又曾任过朝廷的钦差大臣。1852年，曾国藩奉诏在湖南办团练，创建湘军，造战船，建水师。此后，便率领他创建的湘军与太平军作战，曾被打得大败，但最终镇压了太平天国起义。后来，又曾围剿镇压捻军。在担任直隶总督时，曾处理天津教案，又媚外卖国，屠杀民众，受到舆论的谴责。

在政治上，曾国藩完全是一个代表统治阶级利益，为封建统治阶级效命的人物。但在家教方面却很有所成效的。他在外为官，不放心家中众多弟弟、子侄们，便时时写信回家，施以教诲，为后人留下了巨帙的《曾国藩家书》。曾国藩的三弟曾国荃后来也立朝为官，当过陕西、山西巡抚，两广、两江总督。其长子曾纪泽是近代有名的外交家，精通小学、乐律，又受过新式教育，懂得外文，曾受朝廷派遣，出使过英、法等国，并兼任驻俄公使。

曾国藩官居极品，手握大权，却节俭自守，并要求家人保持寒素家风，曾国藩的曾祖曾经制定八个字的治家信条，即：早、扫、考、宝、书、蔬、猪、鱼。意思是一要早起，二要扫除以保持清洁，三要诚修祭祀，四要善待乡邻（俗言谓"邻居好，赛金宝"），五要读书，六要种蔬，七要养猪，八要养鱼。曾国藩自幼接受父母教诲，信守上一辈所订的俭朴治家的家规。他在给长子曾纪泽的一封信中说："勤俭自持，习劳习苦，可以处乐，可以处约，此君子也。余服官三十年，不敢稍染官宦气息，饮食起居，尚守寒素家风，极俭可也，略丰亦可，大丰则我不敢也。凡仕宦之家，由俭入奢易，由奢返俭难。尔年尚幼，切不可贪爱奢化，不可习惯懒惰。不论大家小家，仕农工商，勤苦守约，没有不兴旺；骄奢倦怠，未有不败。"为了让子弟们能勤俭劳苦，防止他们骄奢倦怠，他曾为家人制订一套十分具体的尚俭课目，规定家中男子是"看、读、写、作"，女子是"衣、食、粗、细"。并详细规定，女子早上、上午烧茶煮饭，扫抹房舍，中午织麻纺纱，下午和晚上缝衣制鞋和刺绣。在南京总督府时，他要求其妻子和儿媳们每天织麻纺纱，不允间断。他自己生活俭朴，以身作则，常年穿布衣布袜。三十岁时曾做一件天青缎马褂，平时只有遇喜事或新年才偶尔一穿，所以藏了三十年衣服仍是新的。他每天吃饭以一荤为主，有客来才稍增加些菜，故时人戏称他为"一品"宰相。曾国藩当总督时，三弟曾国荃也当了巡抚，家中客人、子弟增多，房子不够住。其九弟便新建一屋，花了三千串钱。曾国藩知道后，写信责备九弟："新屋搬进容易搬出难，吾此生誓不住新屋！"此后，终其一生未入新屋一步。他又曾寄儿子曾纪泽、曾纪鸿信一封，要儿子们"变化气质"，克服缺点。信中写道："人之气质，由于天生，本难改变，惟读书则可变化气质。古之精相法并言读书可以变换骨相。欲求变之之法，总须先立坚卓之志。即以余生平言之，三十岁前最好抽烟，至道光壬寅十一月廿一日立志戒烟，至今不抽。四十六岁以前作事无恒，近五年深以为戒，现在大小事均尚有恒。即此二端，可见无事不可变也。

……古称金丹换骨，余谓立志即丹也。"

曾国藩带湘军驻扎在安徽安庆时，有个亲戚从乡下来投奔他。这个亲戚行李极其简单，衣服朴素陈旧，也不善于言谈，整天默不作声。曾国藩见他十分朴实，心里十分喜欢他，想派一个差使给他做做。

一天，曾国藩和这个亲戚在一起吃饭，正好米饭中有个稗子。这个亲戚见了，把稗子从饭里拣出来扔掉后才吃饭。曾国藩从旁见了，没有吭声。过后，立刻就准备了盘缠，让这个亲戚回家乡去。这个亲戚一下子愣住了，连忙问曾国藩为什么要打发他走。曾国藩严肃地对他说："你平时既不是有钱的人，又从来没有到外面去过，放下锄把就来到我这里，不过才个把月，吃饭时就定要把稗子去掉，变得考究起来。我怕你以后环境好了，潜移默化，更要变得厉害。这样反而是害了你，所以叫你趁早回家去！"

这位亲戚听了曾国藩的一番话，十分惭愧，立刻诚恳地向曾国藩认错，表示一定真正改过，请曾国藩考验他。曾国藩平时特别喜爱种菜，经常到菜园中采摘自己亲自种出的蔬菜烧着吃，于是，便让这个亲戚去负责种菜。这位亲戚每天带着仆人在菜园中劳作，起早贪黑，从不偷懒。曾国藩时常偷偷地去观察他，见他果然能诚心改过，才给他换了个别的差使干。这位亲戚没有辜负曾国藩的期望，勤于职守，兢兢业业。后来，他

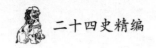

做官不断得到升迁，最后一直做到布政使。

曾国藩十分注重家教，他家始终保持着寒素家风。但清代的一些野史中，却也有着不同的记载。据《清朝野史大观·清人逸事》载，曾国藩因全力镇压太平军，为清政府力挽狂澜，立下汗马功劳而备受朝廷重用，他的父亲和一些弟弟便依仗其势力，在乡里横行不法。他们只要对官府提出要求，地方官员就都不敢有一点点违拗，总是尽量给以满足。曾国藩的四弟曾澄侯更是乡里的一霸，只要他忌恨哪个人，就会加以诬陷，说那人是"会匪"、"乱党"，立刻送到官府中杀掉。就这样，前后杀掉了几十人。当地姓熊的县令心地较为善良，但因为不敢得罪曾澄侯，不得以听命，因此常暗自哭泣。人家问他为什么要哭，县令回答说："曾四爷又要借我的手杀人了！"曾家新开了一个码头，按照过去的惯例，常常要杀牲口祭告一番。有人怂勇曾澄侯杀人祭告，曾澄侯竟听信谗言，一下子杀了十六个人。

有一次，曾国藩回老家去，听说了父亲及弟弟的种种劣迹。出于封建时代的所谓孝道，他不好对父亲怎么样，只好想办法劝惩其弟弟。有一天，曾澄侯正在呼呼地睡午觉，曾国藩悄悄拿了一把锥子，往曾澄侯的大腿上猛刺了一下。顿时，曾澄侯的大腿上鲜血汩汩，流得满身都是。曾澄侯睡得正香，一下子痛醒过来，大声喊叫。曾国藩便故意问弟弟道："你为什么要喊叫？"曾澄侯说："大腿上被刺一下，疼死我了！"这时，曾国藩便严厉地责备弟弟道："刺你一下你就大声喊疼，被你杀掉的那些人，难道就不疼吗？"这件事的可信度值得怀疑，但说曾国藩严于管束家人，这种从严治家的精神与前面所叙倒是颇为一致的。

（《清史稿·曾国藩传》等）

郑板桥戒弟教子

郑燮是清代著名的书画家、诗人。乾隆元年（1736）他考中进士，到山东潍县（即今山东潍坊市）当知县，很有政声。后来，因为灾荒年请求赈济灾民而获罪，辞官家居，以卖书画为生。郑燮是清代乾隆年间扬州的著名人物，与金农、李鳝、黄慎、罗聘等八个扬州书画家齐名，并称"扬州八怪"。他的诗歌、书法、绘画均有成就，号称"三绝"，名重一时。

郑板桥出身贫寒，所以对人生的贵贱、贫富等看得很透，从来不以富贵贫贱论人。当他还是个秀才的时候，有时翻家中的旧书箱，见到家中佣人的先人所订立的卖身契据等，就会马上就拿去烧掉，并不拿去还给佣人本人，或者自己仔细看看契据的内容，就是怕佣人知道了感到难堪。郑板桥长大自己当家后，用佣人的时候，从来不要求对方和自己立契约，佣人自己如果觉得合适，就留下干下去，不然就自由离去。郑板桥的用意，是不想让后世子孙借此逼勒、苛求家中佣人。

后来，郑板桥经常在外，又到山东范县、潍县等地当官，不放心家中，更时时写信回家，教育在家中当家的堂弟郑墨。他谆谆告诫郑墨，不要以富贵贫贱论人，要宽厚对待家中的佣人，并将自己当年悄悄焚去佣人的先人所订立的契据、自己从不要求佣人立契据之事讲给堂弟听。又教育郑墨与人为善，要看到别人的长处，不要光看别人的短处。"以人为可爱，而我亦可爱矣；以人为可恶，而我亦可恶矣。东坡一生觉得世人没有不好的人，最是他好处。愚兄平生漫骂无礼，然人有一才一技之长、一行一言之美，未尝不啧啧称道。"（《郑板桥集·淮安舟中寄舍弟墨》）郑板桥举宋代苏东坡和自己的例子，告诫郑墨多看别人的长处，话语之中充满着人生的哲理。郑墨将哥哥郑板桥的俸钱带回家中，郑板桥特意寄信回家，要弟弟挨家挨户，逐一散给自家的邻居族人："南门六家，竹横港十八家，下佃一家，派虽远，亦是一脉，皆当有所分惠。……无父无母孤儿，村中人最能欺负，宜访求而慰问之。自曾祖父至我兄弟四代亲戚，有久而不相识面者，各赠二金。……徐宗于、陆白义辈，是旧时同学，日夕相征逐者也，……今皆落落未遇，亦当分俸以敦夙好。……敦宗族，睦亲姻，念故交，大数既得；其余邻里乡党，相周相恤，汝自为之，务在金尽而止。"（《范县署中寄舍弟墨》）郑板桥谆谆嘱咐堂弟将自己的俸钱分送净尽，用以救济亲朋好友、邻里乡党，其用心可谓良苦。郑板桥又教育郑墨尽心务农，收拾齐备农具及家中生活器具，男耕女织，养成"一种靠田园长子孙气象"，一点也没有轻视农夫的思想。他教育郑墨要体恤贫苦之人，如果人家要借钱，必须要成全；假如不能偿还，也要宽容他。总之，郑板桥总是无论大小事都耐心开导其弟。

郑燮五十二岁时才得一子，因此对之十分钟爱。但不是一味溺爱，而是教之以正道。他在潍县任官，便写信给堂弟，要郑墨在家好好教育其子，让他懂得为善之道，养成忠厚而有同情心的性格，防止刻薄急躁等坏习气。他特别关心为儿子延师教育之事，并要求刚刚六岁的儿子对师长懂得礼貌，对同学关心。

在《潍县寄舍弟墨第三书》这封信中，他殷殷关照郑墨："吾儿六岁，年最小，其同学长者当称为某先生，次亦称为某兄，不得直呼其名。纸笔墨砚，吾家所有，宜不时散给诸众同学。每见贫家之子、寡妇之儿求十数钱买川连纸钉仿字簿而十日不得者，当察其故而无意中与之。至阴雨不能即归，辄留饭，薄暮，以旧鞋与穿而去。彼父母之爱子，虽无佳好衣服，必制新鞋袜来上学堂，一遭泥泞，复制为难矣。夫择师为难，敬师为要。择师不得不审，既择定矣，便当尊之敬之，何得复寻其短？"为了更好地教育自己的儿子，郑燮特意抄了四首顺口好

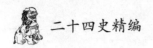

读的古代诗歌，让堂弟郑墨教其儿子且读且唱，从中受到教育。
诗曰：

二月卖新丝，五月粜新谷。医得眼前疮，剜却心头肉。

耘苗日正午，汗滴禾下土。谁知盘中餐，粒粒皆辛苦。

昨日入城市，归来泪满巾。遍身罗绮者，不是养蚕人。

九九八十一，穷汉受罪毕。才得放脚眠，蚊虫蚤出。

（《清史稿·郑板桥传》等）

年羹尧幼时劝父

年羹尧，是清朝功勋卓著的大臣，康熙三十九年（1700）考中进士，任内阁学士、四川巡抚。后来，镇守西北边疆，一面征讨少数民族军队，一面组织屯垦，开发边疆，西北赖以安定。年羹尧因功高，日见骄横，滥杀无辜，终遭杀身之祸。雍正三年（1725）十二月，他被逮至京城中，加以罗织的九十二项罪名，被雍正帝赐死。

年羹尧的父亲年遐龄也是朝廷命官，由兵部主事、刑部郎中一直做到工部侍郎、湖广巡抚，后于康熙四十三年（1704）因病退休家居。

年家因年遐龄在朝中为官，又精于理财，所以很有钱。年羹尧家庭，他对父亲斤斤计较钱财颇不以为然。年羹尧幼时调皮，不大肯好好学习。他十二岁的时候，有一天，又从私塾中逃了学，到郊外去尽兴玩耍。他忽然见到一个老妇人坐在一棵大树下，伤心地哭个不停，连眼睛都哭肿了。年羹尧问老妇人为什么这样悲伤，老妇人悲悲切切地回答说："我家离年老爷家只有十几步远，是紧挨着的邻居。我有四个儿子，却都不学好，喜欢赌博，赌输了钱，竟偷偷将家中的房子卖掉。现在卖房子的字据已经立下了，屋子的新主人催着让房子，一刻也不放松。让房子说说倒是容易，只是叫我这老婆子住到哪儿去呢？"年羹尧很是同情心，便问买屋子的人是谁。这一问，才知道买房者原来是他的父亲年遐龄。年羹尧一听，高兴地对老妇人说："老太太不要担心，买房子的人就是我父亲。我回去想办法，一定帮你解除难处！"于是，年羹尧将老妇人搀扶到自己家中。

回家后，年羹尧劝说父亲把立下的卖房契据退还给老妇人。年遐龄已经花了钱，舍不得将契据拿出来。于是，年羹尧又去找自己的母亲，缠着母亲要卖房契据。年母十分疼爱儿子，便将契据从年遐龄手中要了过来，交给年羹尧。年羹尧拿过契据，二话不说，一把火将它烧掉了，叫老妇人叩谢年遐龄。年遐龄气得说不出话来，却也无法。

（《清史稿·年羹尧传》等）

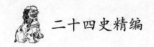

炎武气节源老母

明末清初伟大思想家、学者顾炎武，自小聪慧过人，读书一目十行，十四岁即补诸生，这时尚在明朝。顾炎武见时世多故，所以不图仕进，讲求经世之学。他曾参与明末"复社"的活动，清兵南下后，跟从昆山县令杨永言等举兵反抗，当时的鲁王曾授予他兵部司务之职。失败后，侥幸得脱，遍游各地，考察山川形势、风土人情，有反清复明之心。

顾炎武当清人入主之时，始终保持民族气节，这与他母亲王氏对他的教育激励不无关系。清兵入关占领北京后，又挥师南下，一路奏凯，腐败的明王朝已无多少抵抗之力。顾炎武的母亲居住在常熟的语谚泾，位于昆山和常熟两县之间。没过多少时候，清兵就顺利地打过长江，相继占领了昆山、常熟。顾母听到昆山、常熟沦陷的消息后，就不再吃东西，绝食了十五天，终于去世。待安葬完毕，清兵也到了语谚泾。顾炎武的母亲临终时，曾谆谆告诫顾炎武说："我虽然身为妇道，但同样身受明朝的恩惠，所以和国家一道灭亡，这是应有的忠诚气节。你应该不事二姓，不要做别朝的臣子，不要辜负世世代代所受的明朝之恩，也不要忘记祖先的教诲。这样，我在九泉之下也就可以瞑目了！"

母亲的去时前的遗言给顾炎武以很大激励。他跟从杨永言

举兵反抗失败后，唐王朱聿锺在广西，曾任命顾炎武为兵部职
方郎，召他前往。顾炎武因适逢母丧，没有去得成。此后，便
开始了他的游历各省的流离生活。他曾遍历关塞，四谒孝陵，
六谒思陵，表现了他不忘故国的志节。晚年，他卜居陕西的华
阴。之所以卜居华阴，也完全是出于政治上的考虑，他认为陕
西为旧秦地，秦人仰慕经学，看重处士，敢于指斥朝政，这些
都是别地人难以相比的。再说华阴地当要冲，足不出户，便能
见天下之人，闻天下之事。一旦有事，入山固守险要，不过十
数里远。如果有志匡扶天下，那么一出关门，便有居高临下之
势。总而言之，他仍然有着不忘恢复故国的夙志。只是到后来，
他见到天下大势已定，明朝气数殆尽，恢复完全无望，才一心
转向学术，研究经世之学，提倡经世致用，开清代朴学风气。
他的诗作中，仍然有许多感事之作，块垒之气，溢满其间，常
流露出对清军入侵的不满。清廷因为他的名望，曾几次征召他
出来做官，他都坚决推辞，终其一生，都采取与清朝统治者不
合作的态度，保持了一个旧时代知识分子的民族气节。

（《清史稿·顾炎武传》等）

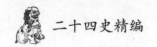

人物春秋

征伐兼并　关外称帝——努尔哈赤

爱新觉罗·努尔哈赤仪表雄伟，志向远大，沉着冷静，声如洪钟，过目不忘，心胸开阔，为人大度。邻部古勒城主阿太被明总兵李成梁攻击。阿太是王杲之子，礼敦的女婿。当时景祖正领着儿孙前往探视。有一名叫尼堪外兰的人，诱使阿太打开城门，明军得以入城残杀，二祖皆死于难。爱新觉罗·努尔哈赤及弟弟舒尔哈齐陷入明军之中，李成梁之妻觉得他相貌非凡，便偷偷将他放回。爱新觉罗·努尔哈赤归途中遇上额亦都，额亦都以其徒众九人跟随爱新觉罗·努尔哈赤。

爱新觉罗·努尔哈赤返回后，有甲衣十三副。五城族人龙敦等嫉妒他，便以害怕明朝为借口，屡次企图加害爱新觉罗·努尔哈赤，派人半夜偷袭，侍卫帕海战死。额亦都、安费扬古防备甚严，曾夜获一人，爱新觉罗·努尔哈赤说道："将他放了吧，不要为此树立怨仇。"并派人向明朝诉说道："我的祖先有什么罪，要派军残杀呢？"明朝归葬他死去的亲人。爱新觉

N

罗·努尔哈赤又说："尼堪外兰是我的仇人，我希望能将他捉拿回去。"明朝不许。正巧萨尔虎城主诺米纳、嘉木湖城主噶哈善哈思虎、沾河城主常书率领部属前来归附，爱新觉罗·努尔哈赤便与他们结盟，并和亲，从此有了用兵的志向。这年是明万历十一年（1583），爱新觉罗·努尔哈赤二十五岁。

一五八三年夏五月，爱新觉罗·努尔哈赤起兵征讨尼堪外兰，诺米纳的军队不来，尼堪外兰逃至甲版。爱新觉罗·努尔哈赤率军攻克图伦城，尼堪外兰逃至河口台。爱新觉罗·努尔哈赤派军追赶，靠近明朝边境时，明朝出兵，尼堪外兰逃至鹅尔浑。爱新觉罗·努尔哈赤出兵未果，主要是因为诺米纳背约，并泄露了出兵的日期。爱新觉罗·努尔哈赤于是杀掉诺米纳及其弟奈喀达。五城族人康嘉、李岱等联合哈达军前来抢劫瑚济寨，爱新觉罗·努尔哈赤派安费扬古、巴逊率十二人追击，尽夺所掠财物而归。

一五八四年春正月，爱新觉罗·努尔哈赤率军进攻兆佳城，以报瑚济寨之役之仇。途遇大雪，部众请求退兵返回。爱新觉罗·努尔哈赤说道："城主李岱，是我的同姓兄弟，却替哈达带路，岂能饶恕?"命令军队继续前进，终于攻下兆佳城。先前龙敦唆使诺米纳背约，又派人杀掉噶哈善哈思虎，这时爱新觉罗·努尔哈赤将其遗骨归葬。六月，爱新觉罗·努尔哈赤率军征讨萨木占，为噶哈善哈思虎复仇。又在马儿墩寨进攻其同伙讷申，苦战四天，将其杀死。九月，爱新觉罗·努尔哈赤率军讨伐董鄂部，途遇大雪，军队只得返回，城中出兵攻击，爱新觉罗·努尔哈赤派十二名骑兵将其打败。王甲部请求出兵进攻翁克洛城，爱新觉罗·努尔哈赤中途投入战斗，焚烧其外城。爱新觉罗·努尔哈赤爬上屋顶射击，敌兵鄂尔果尼射击爱新觉罗·努尔哈赤，穿甲冑射中脑袋，爱新觉罗·努尔哈赤拔箭反射，射死一人。罗科射击爱新觉罗·努尔哈赤，箭穿铠甲射中脖子，爱新觉罗·努尔哈赤将箭拔出，因箭头卷曲，血肉迸溅，爱新觉罗·努尔哈赤只得挂着弓慢慢爬下来。他喝了数斗水，因受伤过重，骑马速归。伤愈之后，再前往进攻，将其攻克。爱新觉罗·努尔哈赤求得鄂尔果尼、罗科二人，说道："真是壮士啊"。

一五八五年二月，爱新觉罗·努尔哈赤率军略取界凡，准备退兵返回时，界凡、萨尔浒、乐佳、把尔达四城合兵四百人追击，到太兰冈时，城主讷申、巴穆尼策马并进，眼看就要追到，爱新觉罗·努尔哈赤调转马头迎击敌人，讷申用刀砍断爱新觉罗·努尔哈赤的马鞭，爱新觉罗·努尔哈赤则挥刀砍中其背部，使其坠马，然后回头射击巴穆尼，将两人杀死。敌人见此不敢再逼近，慢慢离去。夏四月，爱新觉罗·努尔哈赤率军征讨哲陈部，路遇大水，乃命诸军返回，率八十名骑兵继续前进。到达浑河时，遥见八百敌军临河列阵。包朗阿之孙扎亲桑古里心中害怕，解下铠甲交给别人。爱新觉罗·努尔哈赤斥责他说："你平日在族党间表现得很雄武，今天怎么胆怯畏缩呢?"爱新觉罗·努尔哈赤赶走了他。爱新觉罗·努尔哈赤独自与其弟穆尔哈齐、近身侍卫颜布禄、武陵噶一起向前冲击，杀死二十余人，敌人争相逃循，爱新觉罗·努尔哈赤一行追至吉林冈而归。爱新觉罗·努尔哈赤说道："今日之战，以四人败八百，这是上天保佑啊。"秋九月，爱新觉罗·努尔哈赤率军进攻安土瓜尔佳城，将其攻克，斩其城主诺一莫浑。

一五八六年夏五月，爱新觉罗·努尔哈赤率军征讨浑河部播一混寨，将其攻下。秋七月，征服哲陈部托漠河城。爱新觉罗·努尔哈赤得知尼堪外兰在鹅尔浑，便快速进兵，攻下其城，但未能抓获尼堪外兰。爱新觉罗·努尔哈赤登城远眺，见一人头戴毡笠，身穿青棉甲，以为是尼堪外兰，便单骑追赶，被土人包围，他带伤力战，射死八人，砍死一人，才冲出。后来知道尼堪外兰进入了明朝边境，爱新觉罗·努尔哈赤便派人向明朝边吏索求尼堪外兰，令斋萨将其斩首。因为获得了罪人，爱新觉罗·努尔哈赤开始与明朝交往、进贡。

一五八七年春正月，爱新觉罗·努尔哈赤在虎兰哈达南冈筑城，开始修建宫殿，在部众中宣布教令，禁止暴乱、盗窃，设立法制。六月，爱新觉罗·努尔哈赤率军进攻哲陈部，攻克山寨，杀寨主阿尔太。命额亦都率师攻取把尔达城。爱新觉罗

·努尔哈赤率军进攻洞城，城主扎海投降。

一五八八年夏四月，哈达部贝勒扈尔干携女前来归附，苏完部索尔果率其子费英东等、雅尔古寨扈拉虎率子扈尔汉、董鄂部何和礼都率所部前来归附，爱新觉罗·努尔哈赤都厚待他们。秋九月，攻取完颜部王甲城。叶赫部贝勒纳林布禄携其妹那拉氏前来归附，爱新觉罗·努尔哈赤设宴成礼，那拉氏即孝慈高皇后。

一五八九年春正月，爱新觉罗·努尔哈赤率军攻取兆佳城，斩其城主宁古亲。一五九一年春正月，爱新觉罗·努尔哈赤派兵略取长白山诸路，尽收其众。叶赫部要求封地，爱新觉罗·努尔哈赤没有给予。叶赫部便出兵劫取东界洞寨。一五九二年冬十月二十五日，爱新觉罗·努尔哈赤第八子皇太极出生。一五九三年夏六月，叶赫、哈达、辉发、乌拉四部合兵侵犯户布察，爱新觉罗·努尔哈赤派兵将其击败。九月，叶赫因在我处不得志，便纠结扈伦三部乌拉、哈达、辉发，蒙古三部科尔沁、锡伯、卦尔察，长白二部讷殷、朱舍里，共九部合三万兵力来犯。爱新觉罗·努尔哈赤派武里堪侦察敌情，得知敌军到达浑河，将在夜间渡河，武里堪翻越山岭，策马报告爱新觉罗·努尔哈赤。爱新觉罗·努尔哈赤问道："叶赫兵果然到了吗？你去告诉诸将明天出战。"等到早晨，爱新觉罗·努尔哈赤引兵而出，对众将士说道："解开你们的护手，去掉你们的护脖，不要束缚住自己，这样不便于奋力拼杀。"又再三命令："敌人是乌合之众，志向不一，只要将前面的敌军打败，敌军必定掉头逃跑，我军乘机进攻，没有不胜利的。"部众士气奋发。爱新觉罗·努尔哈赤命额亦都率百人前去挑战。叶赫部贝勒布斋策马迎战，战马触木跌倒，我军士兵吴谈将他砍死。科尔沁部贝勒明安的战马深陷泥沼，他换上了一匹孱弱的马逃跑了。敌军大溃，我军追击败兵，俘获敌军无数，擒拿乌拉部贝勒之弟布占泰而归。冬十月，爱新觉罗·努尔哈赤派兵征讨朱舍里路，抓获其路长舒椤格；派额亦都等进攻讷殷路，斩其路长搜稳塞克什，因为此二路帮助敌人。

一五九四年春正月，蒙古科尔沁部贝勒明安、喀尔喀部贝勒老萨派遣使者前来通好，从此以后蒙古使者往来不绝。一五九五年夏六月，爱新觉罗·努尔哈赤率军征讨辉发部，攻取多壁城。一五九六年春二月，明朝使者到来，朝鲜官吏二人跟随而来，爱新觉罗·努尔哈赤以礼相待。秋七月，爱新觉罗·努尔哈赤派布占泰返回乌拉部，正巧贝勒被部人所杀，于是便立布占泰为贝勒。一五九七年春正月，叶赫四部请求修好，爱新觉罗·努尔哈赤同意，并结盟。一五九八年春正月，爱新觉罗·努尔哈赤命其弟巴雅拉、长子褚英率军征伐安褚拉库，因他对我方必存二心，倾向叶赫部。十一月，布占泰来会，爱新觉罗·努尔哈赤将其弟之女许配给他为妻。

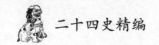

一五九九年春正月，东海渥集部虎尔哈路路长王格、张格前来归附，献上貂皮、狐皮，以后每年定期来朝贡。二月，开始制定国书。三月，开矿，采选金银，设炉冶铁，哈达部与叶赫部交战，哈达部给爱新觉罗·努尔哈赤送来人质乞求支援，爱新觉罗·努尔哈赤便派费英东、噶盖前去戍守。哈达部又暗中与叶赫部来往，戍将报告爱新觉罗·努尔哈赤。九月，爱新觉罗·努尔哈赤率军讨伐哈达部，攻克其城，俘其贝勒孟格布禄而归。孟格布禄有叛乱阴谋，噶盖没有报告，爱新觉罗·努尔哈赤便将他一起处死。

一六〇一年春正月，明朝指责爱新觉罗·努尔哈赤消灭哈达部，爱新觉罗·努尔哈赤便派孟格布禄之子吴尔古岱回去管理哈达部。哈达部被叶赫部及蒙古侵犯，爱新觉罗·努尔哈赤派人向明朝诉说，明朝不予理睬，又派使者向明朝报告哈达部发生了饥荒，明朝不予回答。爱新觉罗·努尔哈赤便将吴尔古岱带回，收其部众，哈达部灭亡。

一六〇三年春正月，爱新觉罗·努尔哈赤迁居赫图阿喇，此地是肇祖以来所居住的地方。九月，爱新觉罗·努尔哈赤妃那拉氏去世，即孝慈高皇后。当初妃生病后，求见其母，其兄叶赫部贝勒不许她来，之后，她去世了。

一六〇四年春正月，爱新觉罗·努尔哈赤率军讨伐叶赫部，攻克二城，攻取七寨。被明朝授为龙虎将军。一六〇五年，修筑外城。蒙古喀尔喀巴约忒部恩格德尔前来归附。一六〇六年冬十二月，恩格德尔会合蒙古五部使者前来朝贡，尊称爱新觉罗·努尔哈赤为神武皇帝。此年，限制民田。一六〇七年春正月，瓦尔喀斐悠城首领穆特黑前来，因为乌拉部侵犯，请求投靠爱新觉罗·努尔哈赤。爱新觉罗·努尔哈赤便命舒尔哈齐、褚英、代善及费英东、扬古利率兵迁徙其五百户回来。乌拉部发兵一万进行拦击，爱新觉罗·努尔哈赤军队将其击败，斩首三千，俘获战马五千匹。还师之后，爱新觉罗·努尔哈赤厚赏褚英等人。夏五月，爱新觉罗·努尔哈赤命巴雅拉、额亦都、费英东、扈尔汉征伐渥集部，俘获二千人而返。秋九月，爱新觉罗·努尔哈赤因辉发部屡次背约，亲自率军征讨，将其攻克，自此，辉发部被灭。

一六〇八年三月，爱新觉罗·努尔哈赤命褚英、阿敏等征伐乌拉部，攻克宜罕阿林城。布占泰心中害怕与爱新觉罗·努尔哈赤重新通好，捉拿叶赫部五十人前来，并请求通婚，爱新觉罗·努尔哈赤允许。这一年，爱新觉罗·努尔哈赤与明朝将领结盟，各守其境，立石于边界。

一六〇九年春二月，爱新觉罗·努尔哈赤写信给明朝，说："邻近朝鲜的瓦尔喀部是我的种族，请下令将它拨给我。"明朝让朝鲜归还千余户给爱新觉罗·努尔哈赤。十月，爱新觉罗·努尔哈赤命扈尔汉征讨渥集呼野路，尽取其地。

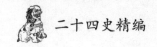

一六一〇年十一月，爱新觉罗·努尔哈赤命额亦都率军将渥集部那木都鲁诸路路长招来归附。额亦都回师攻击雅揽路，因为它不愿归附，又抢劫爱新觉罗·努尔哈赤的属民，额亦都攻取了它。

一六一一年春二月，爱新觉罗·努尔哈赤给国中无妻者二千人赏赐配偶，并赐予数量不等的黄金。秋七月，命其子阿巴泰及费英东、安费扬古攻取渥集部乌尔古宸、林伦二路。冬十月，命额亦都、何和里、扈尔汉率军征讨渥集部虎尔哈，俘虏二千人，并招降旁边的各路，获得五百户。

一六一二年秋九月，爱新觉罗·努尔哈赤亲征乌拉部，因为其屡背盟约，又用箭射击爱新觉罗·努尔哈赤之女。布占泰凭河抵抗。爱新觉罗·努尔哈赤驻军河东，攻克其六城，焚烧其积聚的财物粮食。布占泰亲自出来求和。爱新觉罗·努尔哈赤严厉斥责布占泰，允许他交纳人质来达成和解，但要派军驻守。然后爱新觉罗·努尔哈赤率军返回。

一六一三年正月，布占泰再次投靠叶赫部，爱新觉罗·努尔哈赤率军前去征讨。布占泰以三万名士兵迎战。爱新觉罗·努尔哈赤率先冲锋陷阵，诸将也奋力拚击，将其打得大败，遂进入其城。布占泰到城下时，不能入城，代善追击他，布占泰单骑逃奔叶赫部，乌拉部灭亡了。爱新觉罗·努尔哈赤派人索要布占泰，叶赫部不给。秋九月，爱新觉罗·努尔哈赤起兵进攻叶赫部，派人报告明朝，降服了兀苏城，焚烧其十九座城寨。叶赫部向明朝告急，明朝派使臣前来调解。爱新觉罗·努尔哈赤率军返回，途经抚顺时，明朝游击将军李永芳前来迎接。爱新觉罗·努尔哈赤写信给他说："我与明朝没有隔阂。"

一六一四年四月，爱新觉罗·努尔哈赤第八子皇太极娶蒙古科尔沁部莽古思之女，行迎亲礼。明朝使者前来，自称是都督。爱新觉罗·努尔哈赤对他说道："我认得你，你是辽阳无赖萧子玉。我不是不能杀你，而是惟恐使大国蒙羞。告诉你的巡抚，不要再相互欺骗。"十一月，爱新觉罗·努尔哈赤派兵征讨渥集部雅揽、西临二路，俘获一千人。

一六一五年夏四月，明朝总兵张承胤派人前来要求土地，被爱新觉罗·努尔哈赤拒绝。爱新觉罗·努尔哈赤下令各佐领屯田积谷。秋闰八月，爱新觉罗·努尔哈赤长子褚英去世。在此之前，爱新觉罗·努尔哈赤准备将政权授予褚英，因褚英性情暴躁，众心不附，此事才罢。褚英心中怨恨，焚表告祭上天，被人告发，便自缢而死。冬十月，爱新觉罗·努尔哈赤派遣将领征讨渥集部东格里库路，俘获一万人。这一年，改定兵制，当初以黄、红、白、四国旗统兵，现在增加四个镶旗，改黑旗为蓝旗。设置理政听讼大臣五人，以扎尔固齐十人辅助他们。于是，归附者日众，疆域益广，诸贝勒大臣便再三劝爱新觉罗·努尔哈赤登基为皇。

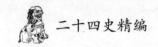

天命元年（1616）正月初一日，爱新觉罗·努尔哈赤即位，建元天命，定国号为金。诸贝勒大臣尊爱新觉罗·努尔哈赤为覆育列国英明皇帝。爱新觉罗·努尔哈赤命次子代善为大贝勒，堂侄阿敏为二贝勒，五子莽古尔泰为三贝勒，八子皇太极为四贝勒。命额亦都、费英东、何和里、扈尔汉、安费扬古为五大臣，共同处理国政。

英明之帝　开清盛世——玄烨

爱新觉罗·玄烨，世祖第三子。母亲孝康章皇后佟佳氏，于顺治十一年三月十九日在景仁宫生下皇上。皇上仪容英俊，站立如山，声音洪亮。六岁时，与兄弟一起向世祖问安。世祖问他们以后要干什么。皇二子福全回答："愿为贤王。"玄烨则答道："愿效法父皇。"世祖觉得很惊奇。

顺治十八年（1661）正月初六日，世祖驾崩，皇上即位，当时八岁，改元康熙。世祖遗诏令索尼、苏克萨哈、遏必隆、鳌拜四大臣辅政。

六年（1667）正月己丑，封世祖第二子福全为裕亲王。丁酉，授明安达礼为礼部尚书。二月癸亥，晋封已故亲王尼堪之子贝勒兰布为郡王。丁卯，授宗室公班布尔善为大学士。重新起用图海为大学士。四月甲戌，加封索尼为一等公。甲子，江南百姓沈天甫撰写逆诗诬告他人，被处死。被诬告者均不论罪。

御史田六善说有奸民告发，对南方人不说"通海"，而说"逆书"，对北方人不说"于七党"，而说"逃人"，请求审问告发者，并以诬告罪反坐。皇上听从了他的意见。五月辛酉，吴三桂上疏辞去总管云南、贵州两省事务之职。皇上接受其辞呈。六月己亥，禁止采办楠木的官员役徒惹生事端，累及百姓。七月己酉，皇上亲政，到太和殿接受朝贺，加恩朝中内外，罪不当斩者，全部赦免。这天，皇上开始到乾清门临朝听政。甲寅，命武官一律引见。癸亥，赐封辅政大臣遏必隆、鳌拜加一等公。九月丙午，下令编修《世祖实录》。十一月丁未，冬至，在圜丘祭天。奉世祖章皇帝配享。丁巳，加上太皇太后、皇太后徽号。十二月丙戌，命塞白理为广东水师提督。戊子，授马尔赛为户部增设尚书。戊戌，在太庙举行大合祭。这一年，减免直隶、江南、江西、山东、山西、陕西、甘肃、浙江、福建、湖广等省一百六十个受灾州县赋税，数额不等。朝鲜、荷兰进贡。

八年（1669）正月戊申，整修乾清宫，皇上移住武英殿。二月庚午，下令实行南怀仁所推算的历法。庚午，康熙巡幸京畿地区。三月辛丑，将直隶被废去藩封的田地赐予百姓。四月癸酉，卫周祚免职，授杜立德为大学士。丁丑，皇上幸临太学，祭奠先师孔子，讲解《周易》、《尚书》。丁巳，给事中刘如汉请求举行经筵。皇上很愉快地采纳了其建议。

五月乙未，授黄机为吏部尚书，郝惟讷为户部尚书，龚鼎挈为礼部尚书，起用王弘祚为兵部尚书。戊申，下诏逮捕辅政大臣鳌拜，交廷臣审讯。皇上早知鳌拜专横乱政，只是担心其力大难以制服，便挑选侍卫、拜唐阿之中年少强壮者，练习摔跤。这一天，鳌拜入宫拜见，皇上马上命令侍卫将其扑倒，捆绑起来。从此便设立了善扑营，由皇帝亲信统领。庚申，王大臣拟出鳌拜的罪案，上奏皇上，列举其大罪三十条，请求予以族诛。皇上下诏说："鳌拜愚悖无知，确当族诛。特念其为朝廷效力已久，屡立战功，免其死罪，没收所有财产，终身拘禁。"其弟穆里玛、塞本得，堂侄讷莫，党徒大学士班布尔善，尚书阿思哈、噶褚哈、济世，侍郎泰璧图，学士吴格塞都被处死。被牵连的其他人则被罢官贬谪。其弟巴哈在宫中值宿警卫，老实谨慎，卓布泰则立有军功，两人被免去连坐之罪。继嗣的敬谨亲王兰布降为镇国公。褫夺必隆太师、一等公的爵位。六十一年壬寅春正月戊子，康熙召见八旗文武大臣年岁在六十五以上的六百八十人，已经退职的也一律赐宴，宗室授爵劝酒。越三日，宴赏汉族大臣六十五以上的三百四十人，规格相同。圣祖赋诗，诸位大臣奉和，题名为《千叟宴诗》。戊申，圣祖巡幸京郊地区。

二月庚午，任命高其倬署理云南贵州总督。丙子，圣祖返回住在畅春园。三月丙戌，任命阿鲁为荆州将军。夏四月甲子，派遣使臣册封朝鲜国王李昀的兄弟李吟为世弟。丁卯，圣祖巡视热河。己巳，抚远大将军胤禵再次前往军中。癸未，福州驻防兵丁哗变，将军黄秉钺不能约束弹压，被革职，斩杀为首哗变之兵。五月戊戌，施世纶去世，任命张大有署理漕运总督。六月，因为奉天地方连年丰收，解除海禁。暹罗大米价格较低，听任它输入内地，免征关税。辛未，命令直隶截留漕粮二十万石以备赈济。丙子，赵弘燮去世，加封他的侄子郎中赵之垣佥都御史衔，署理直隶巡抚。秋七月丁酉，征西将军祁里德上奏乌兰古木屯田事宜，请求增兵防守。命令都统图拉率兵前往。壬寅，命令色尔图赴西藏统领四川驻防兵。戊申，任命蔡珽为四川巡抚。八月丙寅，停止本年处决囚犯。已故提督蓝理的妻子儿子先前因有罪被抄没入旗，至此，圣祖怀念蓝理平定台湾有功，赦免他们返回原籍，应交纳的款项免于追赔。己卯，圣祖驻跸汗特木尔达巴汉昂阿。赏赐来朝觐的外藩银两财物鞍马和随围的军士银币。

九月甲申，圣祖驻跸热河。乙酉，谕令大学士说："有人说我塞外行围打猎，使军士劳苦。不知道承平日久，难道就可以忘记武备？屡次兴师出征，部队勇敢兵士尽力，最终成功，这都是勤於训练的结果。"甲午，年羹尧、噶什图奏请酌量加增火耗银，以补偿官员亏空的国库。圣祖说："火耗银只可议减，怎么可以加增？这次亏空，主要是由于用兵出征。官兵过境，有时不免要送礼。开始挪用公款，久而久之就会出现亏空，

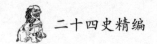

往年曾有宽免的恩旨。现在军需急用，就将户部库银拨送西安备用。"戊戌，圣祖起程返京。丁未，到达密云，视察河堤。

冬十月辛酉，命雍亲王胤禛、弘升、延信、孙渣齐、隆科多、查弼纳、吴尔占视察谷仓。壬戌，任命觉罗德尔金为蒙古都统，安鲐为杭州将军。辛未，任命查弼纳为江南江西总督。癸酉，圣祖驾临南苑行围打猎。任命李树德为福州将军，黄国材为福建巡抚。

十一月戊子，圣祖患病，返回住在畅春园。任命贝子胤祹、辅国公吴尔占为满洲都统。庚寅，命皇四子胤禛恭敬地代表他祭天。甲午，圣祖的病情加重，到晚上戌时，圣祖驾崩，享年六十九。当晚就将他移入大内发丧。雍正元年二月，给圣祖尊奉谥号。九月丁丑，葬在景陵。

乱世太后　祸国殃民——叶赫那拉氏

孝钦显皇后，姓叶赫那拉氏，是安徽徽宁池广太道惠征的女儿。咸丰元年，她被选入宫，号为懿贵人。四年，被封为懿嫔。六年三月庚辰，生穆宗，进封为懿妃。七年，进封为懿贵妃。十年，她随文宗巡幸热河。十一年七月，文宗死，穆宗即位，孝钦与孝贞皇后同时被尊为皇太后。

当时，怡亲王载垣、郑亲王端华、协办大学士尚书肃顺等人，根据文宗遗命，称"赞襄政务王大臣"，掌握朝政大权，两太后对此很是忧虑。御史董元醇上疏请求两太后处理朝政，两太后召见载垣等人商议此事，载垣等人借口本朝未有皇太后垂帘之事，予以反对。侍郎胜保及大学士贾桢等奏疏又至热河。恭亲王奕䜣原在京师留守，听闻文宗丧讯急赴热河，两太后当面向他谈了载垣等人把持朝政之事。九月，两太后护送文宗灵枢还至京师，随即颁发诏旨将载垣、端华、肃顺定罪，均处死，同时又罢黜了参预赞襄政务的各大臣。授奕䜣为议政王，用皇帝谕旨命王大臣分条列举有关垂帘听政典礼的事宜。

十一月乙酉初一，穆宗侍奉两太后至养心殿，垂帘听政。谕旨说："垂帘并非我们愿做之事，只因目前时事艰难，王大臣等办事不能无所秉承，所以暂且允许所请。等到皇帝学问有成，即时归还政柄。"从此，两大后每天都召见议政王、军机大臣入内议事。所有内外章奏，两太后阅看完毕，王大臣代拟旨意，次日进呈。两太后审阅批准后，即用文宗所赐的同道堂小玺盖印，仍以皇帝谕旨的形式颁发。不久接受了御史徐启文的奏请，命令朝廷内外臣工对当前时事的缺失，直接发表意见，不要有所隐瞒；采纳了御史钟佩贤的建议，谕令崇尚节俭，维护国家制度；接受御史卞宝第的奏请，谕令严格赏罚，整肃吏治，慎重荐举。命令内直翰林搜辑前代史书中有关帝王政治及母后垂帘的事迹，将其中可以效法和鉴戒的予以呈递。同治初年，寇乱不息，连年用兵，两太后同心求治，任用和提升老成

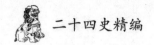

持重的官吏，倚任将帅，荡平粤、捻，渐定滇、陇。十二年二月将政务大权归还穆宗。

十三年十二月，穆宗死，太后决定册立德宗为帝，两太后又垂帘听政。谕旨说："现今皇帝继承大统，年龄幼小，不得已垂帘听政。综理万机，辛勤而不怠惰，更何况正值民生困穷，各省连年水旱。中外臣工、九卿、科道中有言事之责的官员，对于用人行政，凡是于国有益而又确能付诸实施的政事，都要详细陈奏。至于督促节俭，屏却浮华，都应自宫中身体力行，而一切仅供耳目娱乐、华而不实之物都不得呈进。""封疆大吏，应当勤奋访求民间疾苦，加意抚恤；清理讼狱，勤于缉捕；办赈积谷，命令有关官吏实力奉行；同时还应整饬营伍，修明武备，选任贤能官吏，与民休息。"允准御史陈彝的奏请，罢黜南书房行走、侍讲王庆祺；接受御史孙凤翔等人的建议，罢黜总管内务府大臣贵宝、文锡，又将违法乱纪的太监治罪，其中戍边三人、杖责四人。一时，宫廷、官府整肃。

光绪五年，将穆宗葬于惠陵。吏部主事吴可读随从皇帝祭陵，在陵前自杀，遗疏请求降一明旨，把将来大统归于穆宗嗣子。太后令王大臣等决断此事，王大臣等认为无庸议论；尚书徐桐等人及侍读学士宝廷、黄体芳，司业张之洞，御史李端缲，均各上疏陈奏看法。谕旨说："我朝从未明定储位，可读所请不合祖宗家法。皇帝受穆宗付托，将慎重选择最杰出之人继承帝业，此人即为穆宗嗣子，遵守祖宗制定的法规，向天下人显示无私，皇帝定善体此意。"

六年，太后患病，德宗命各省督抚荐举医生前来治病。八年，太后病体痊愈。孝贞皇后去世后，太后独自掌握朝政。十年，法兰西侵入越南。太后责备恭亲王奕䜣等办事拖沓而贻误了战机，撤了他的职务，改用礼亲王世铎等人；同时谕令军机处，凡遇紧要事件，都要与醇亲王奕譞商办。庶子盛昱、锡珍及御史赵尔巽等人各自上疏，均称醇亲王不应参预机务，太后下谕旨说："自垂帘听政以来，估量时势，不能不任用亲藩参预机务。所谕令的奕譞与军机大臣会商的事情，原本是专指军国大事，并非任何事一概要其过问。奕譞对此也一再恳辞，谕令待皇帝亲政时再降谕旨，这样他才暂时奉命。这其中的事情，诸臣是不能尽知的。这一年，太后正是五十岁。

十一年，与法兰西签订条约。醇亲王奕譞建议设置海军。十三年夏，太后同大学士、直隶总督李鸿章巡阅海口，令太监李莲英随从。莲英侍候太后，颇为有权。御史朱一新以各直省发生水灾为由，奏请修身反省，言辞中涉及到了莲英。太后对此很不高兴，责令一新重新奏言。一新又上疏，谈及鸿章有一次为迎接亲王，事先准备了一条船，但王辞而未坐，而莲英却上了船，于是就给来迎接的将吏造成一种错觉，以为这是一条王乘坐的船。太后向王询问有无此事，王回答说："没有。"于

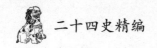

是，一新被免职。

太后下令将在次年正月归政，醇亲王奕譞及诸王大臣等奏请太后训政几年，德宗也再三极力恳求，太后才答应训政，王大臣等进呈训政典礼，太后命按所议进行。请为太后上徽号，坚辞不许。十五年，德宗举行大婚礼。二月己卯，太后将政务归还德宗。御史屠仁守上疏，请求太后在归政之后，依然披览章奏，对国事有裁决施行权。太后认为不宜再这样做，颁布谕旨说："垂帘听政，本是万不得已的举措。我鉴于前代流弊，特令及时归政。归政之后，只有醇亲王单独上呈的奏书，暂时可直接送我。醇亲王曾秘密陈奏说：'初裁大政，军国重事，太后省览定夺后即可执行。'这并不能作为典制，使训政永远持续下去。"于是斥责仁守言语荒谬，罢其官。

同治年间，穆宗议修圆明园，作为两太后居住之所，但未能办成。德宗以万寿山大报恩延寿寺，曾三次成为高宗为孝圣宪皇后祝寿之处，命修葺，作为太后临幸之所，同时将清漪园改名为颐和园，获得太后的批准。太后归政之后，即在此处居住。每年的十月十日太后生辰日，皇帝均率王大臣来此祝寿，成为定例。十六年，醇亲王奕譞死。二十年，日本侵略朝鲜，遵照太后的意旨，重新起用恭亲王奕䜣。这一年，正值太后六十寿辰，德宗请求太后在圆明园接受臣僚的祝贺，并依照康熙、乾隆年间的作法，自皇宫至圆明园，太后行经的道路两旁均搭设彩棚经坛，举行庆典。由于朝鲜战事危急，遵照太后命令，罢除此法。

皇帝侍奉太后很慎重小心，朝廷大政一定都要请命后才施行。但因国事日坏，想要以变法救亡，而太后却不同意，两人意见无法协调。皇帝定于九月陪太后到天津阅兵，有谣言说太后将发动兵变废黜德宗，又有说德宗图谋围困颐和园以劫持太后。八月丁亥，太后突然自颐和园返回宫内，再次训次。又以德宗身体不适，命他在瀛台养病。二十五年十二月，太后立端郡王载漪子溥俊过继给穆宗为皇子。

二十六年，义和拳事兴起，载漪等相信拳民有法术，报告太后说他们都是义民，下令入据京师，击杀了德意志大使克林德及日本使馆的书记，并围困各国使馆。德意志、澳大利亚、比利时、日斯巴尼亚、美利坚、法兰西、英吉利、意大利、日本、荷兰、俄罗斯十国军队发动了侵华战争。七月，逼近京师。太后带着德宗自德胜门逃出，经过宣化、大同。八月，驻扎太原。九月，到西安。命令庆亲王奕劻、大学士总督李鸿章与各国议和。二十七年，与各国订立条约。八月，德宗陪太后从西安返京。十月，驻扎开封。当时端郡王载漪因庇护义和拳获罪而被罢官，溥俊以公衔被迁出宫门。十一月，太后还至京师。德宗仍居瀛台养病。太后多次下诏说："母子一心，励行新政。"三十二年七月，下诏预备立宪。